세상의 두 얼굴,
꽃과 곰팡이

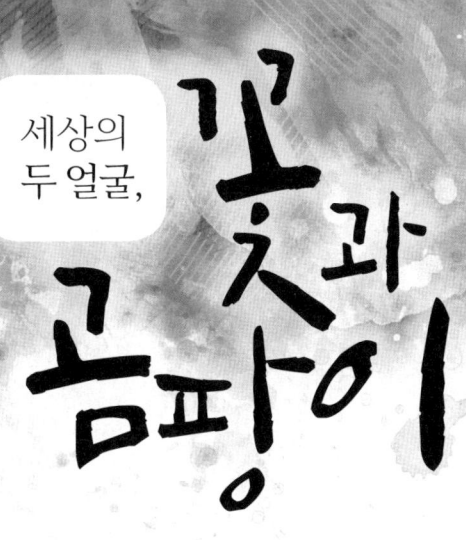

세상의
두 얼굴,
꽃과 곰팡이

김기승 지음

다산글방

머리말

지친 당신에게

목련은 아름답다.

3월과 4월에 만개하는 그 꽃잎을 기억하는 사람은 많을 것이다. 어린잎이 봉우리를 틔우고 순백의 하얀색으로 환하게 만개한다. 그러나 목련이 지는 모습을 기억하는 사람은 별로 없다. 하얀 목련 잎이 길거리에 떨어진다. 갈색으로 변하는가 싶더 곧 검은빛으로 변모한다. 가장 아름답게 피어난 꽃이 가장 낮은 곳으로 떨어지는 것이다.

흑과 백의 논리가 나를 사로잡았던 기억이 있다.

세상 만물의 가치를 딱 이중으로 나누어 그 기준을 정했었다. 그것이 무슨 대단한 발견인 것처럼 깔깔 웃었던 지난날이었다. 그러나 세상에는 완전히 검은 것도,

완전히 하얀 것도 없는 것임을 이해하기까지 참 오랜 날을 보냈다.

　아버지는 가끔 나를 텃밭에 데려가고는 하셨다. 형형색색의 꽃이 피어있던 그 텃밭은 아름다운 것들을 모두 모아놓은 공간인 듯 싶었다. 유독 꽃을 좋아하시는 아버지의 유난에 텃밭은 점점 넓어져 갔고, 나중에는 텃밭 안에 없는 꽃을 찾기가 더 힘들 정도였다.

　그때 내 관심을 끈 것은 텃밭 한 귀퉁이에 자란 이끼와 곰팡이었다. 햇빛이 잘 들지 않는 그늘진 담장 밑에서 조금씩 자라난 것이 분명했다. 아름다운 꽃이 가득한 텃밭에는 어울리지 않는 광경이었다. 그 이끼와 곰팡이가 왜 텃밭에 자리를 잡았는지, 검고 축축한 것이 왜 아름다운 것들과 함께 있는지 그때는 알지 못했다. 가만히 앉아 피어나는 검은 것들을 바라보며 나는 생의 양면성을 들여다본 것일지도 모르겠다.

　사람에게는 상대적인 진실이라는 것이 있다. 그렇기 때문에 서로가 마음을 터놓고 이야기하지 않으면, 끝내 밝혀지지 않는 것이 있다. 각자 갖고 있는 가치관을 타인에게 전하는 것은 무척 어려운 일이다. 같은 언어라 하더라도, 나와 타인이 알고 있는 단어와 문장의 뜻이 서로 다르기 때문이다. 이해한다는 것을 알기 위해 몇 개의 문장들을 적는다. 그것이 모여 한 권의 책이 되었다.

인간의 일생을 한 마디로 표현할 수 있을까?

우리는 복잡한 인생으로부터 탈출할 방법을 찾기 위해 지능에 의존한다. 지능은 시간이 지나며 더욱 복잡해지고 교묘해졌다. 학자와 철학자는 더욱 다양한 관념이나 이론의 종류를 찾아내었다. 그러나 수없이 많은 이론과 철학도 사람의 양면성을 완벽하게 포착하진 못했다.

한 여학생이 밤이면 술집에 나간다.
한창 공부하고 아름다운 추억을 쌓을 대학생이 술집에 나간다면 고운 시선을 보낼 이는 없다. 하지만 다른 시각으로 보면 밤에는 일을 해 학비를 벌고, 낮에는 공부를 하는 훌륭한 학생이기도 하다.

최근 뜨거운 이슈가 되고 있는 동물 실험은 또 어떤가.
평생을 좁은 철창 속에 갇혀 실험을 감내하는 작은 동물들. 그들을 바라보며 피켓을 들고, 동물의 존엄성을 잊지 말자고 주장하는 이들이 있다. 반면에, 인간을 위한 엄숙한 희생이라며 실험을 옹호하는 사람도 존재한다.

심리학에서는 인간의 양면성이란 양가감정에서 기인했다고 한다. 양가감정의 개념은 어떤 대상에게 느끼는 대립적인 감정이다. 브로일러가 처음 이 단어를 사용했으며, 인간의 양면성을 설명하는 데 중요한 근거가 되어주기도 한다.

오랜 투병 생활을 마친 부모님을 떠나보내고 안정을 찾는 것은 도덕적으로 잘못된 행동일까. 사랑과 증오처럼 서로 상반되는 양면성을 지니고 있는 것은 잘못된 것이 아니다. 우리는 그것을 잘못 인식하고 있을 뿐이다. 이것은 타인과의 관계에서도 잘 드러난다. 누구나 선물을 받고 기쁜 마음을 가졌지만, 그것이 괜히 싫거나 만족하지 못했던 경험을 갖고 있다. 눈물을 흘리며 사죄하고 있지만, 진정으로 뉘우치지는 않았던 경험도 인간이기에 느낄 수 있는 양가적인 감정이다.

세상에는 완벽하게 검은 것도, 하얀 것도 없다.

양면성과 이중성이란 텃밭에 함께 핀 꽃과 검은 곰팡이처럼 영역을 나누어 함께 혼재한다. 인간의 양면성을 인정하고, 올바르게 받아들이는 것은 어쩔 수 없는 처세의 필요악이다.

사회 속에서 양면성은 그 양과 질에 따라 개인의 능력과 교양으로 오인되기 때문에, 자신의 인격을 관리하는 데 있어서도 중요한 기준이 되어준다. 권력을 갖고 있는 절대자 앞에서 우리는 그들을 욕하면서도 한편으로는 부러워한다. 가정에서도 사랑하는 아내에게 미성숙한 행동을 표현할 때도 있다. 인간의 양가감정은 때로는 인간을 갈등하게도 하고, 인간을 성찰하게도 한다.

사람의 양면성이란 상황에 따라 이성에서도, 감성에서도 기인할 수 있다. 이성에서의 발현은 모든 면에서 딱딱하고 반듯할 수 있다. 정확하고 구겨질 것 없는 확실한 판단을 행동에 부여하기 마련이다. 그러나 감성은 상황에 맞춰 나타나는 즉각적인 반응의 결과로 이성을 잠재우는 힘을 갖고 있다.

세상살이에 정해진 것은 없다

병약하고 나이 든 노모가 삶의 미련을 버리려 하는 것은 이성이다. 자식에게 피해가 가는 것이 싫어 수많은 고민 속에 내린 결정이다. 이 이상적인 결정의 이면에는 삶의 미련을 버리지 말고 더 살아가라는 감성의 속삭임도 존재한다.

가난한 청년은 하루하루 살아가기 막막하다. 그가 사랑하고 있는 여인은 모난 곳 없이 완벽하다. 금전적인 문제에 휘둘리지 않고 자신의 꿈을 향해 뛰어갈 수 있는 여유를 가진 사람이다. 청년은 그녀가 자신에게 너무 과분하다는 것을 알고 있다. 짝사랑을 포기한다는 매우 이성적인 결론을 내린다. 그러나 계속 그녀에게 마음이 가는 것을 어쩌지 못한다. 사랑을 포기하지 못한다.

인간은 언제나 두 가지 생각이 공존하고 있다. 그것을 양면성이라고 부르기도 하고, 이성과 감성의 대립이라고 부르기도 한다. 그렇기에 인간은 생각하고, 올바른 대척점을 찾기 위해 철학을 공부한다. 비단 인간의 성질만이 두 가지가 아니다. 음과 양, 흑과 백, 물과 불 등 우주 만물의 모든 현상이 둘로 나누어져 있다. 그 두 가지가 갖고 있는 균형이 세상을 실체하게 하기 때문이다.

양면성을 조화롭게 활용하는 것이 인간이 풀어내야 하는 가장 큰 숙제이다. 인간과 자연이 가진 양면성을 이해하는 것이 첫걸음이 될 것이다.

배꽃, 왁스꽃, 치자꽃, 사랑초, 라일락 등 텃밭 속에 피어난 흰 색깔과 그 상대적인 색깔인 검은색은 우리들에게 무엇인가. 어떤 이는 꽃이 만개한 텃밭을 정리하며 마음의 여유를 느낀다. 또, 어떤 이는 평생 동안 밭에서 일만 하다 과로하여 쓰러지기도 한다.

우리 모두 극복하기 어려운 상황과 혼란스러운 상황을 견뎌왔을 것이다. 그때마다 남이 정해 놓거나 스스로 정한 기준에 얽매어 더욱 고통을 받았고, 지쳤다.

달려온 당신의 지난날을 응원한다. 남이 결정한 패배와 실패의 기준은 나의 기준과 다를 수 있다. 지친 당신에게 위로가 되었으면 하는 마음으로 한 자 한 자 적었다. 읽는 동안 다양한 가능성을 들여다볼 수 있고, 나아가 당신만의 기준을 찾을 수 있는 계기가 되었으면 한다.

　내가 가진 양면성의 기준이 상대방과 일치할 수는 없다. 상대의 기준 또한 존중하고 배려하며 세상을 바라볼 수 있다면 그리 힘들거나 불행하지는 않을 것이다. 몇 가지 주제를 나누어 적은 문장들이 당신의 시각을 넓힐 기회가 되었으면 좋겠다.

2021 신축년 봄날, 김기승

차례

| **머리말** | 지친 당신에게 _ 5

1장 사랑의 양면성

❖ 그대에게는 지금 사랑이 필요하다 _ 17
   01 사랑은 아름다운가, 추한가? _ 19
   02 맹목적이며 위태로운 사랑의 줄타기 _ 39
   03 뒤틀린 애정도 애정인가? _ 55

❖ 사랑하니 삶이 되고, 삶이 있어 사람이다 _ 74

2장 가치의 양면성

❖ 저마다 가치관이 다르다 _ 79
   01 내 삶의 1순위를 찾아서 _ 81
   02 세속적인 가치는 아름다울 수 없는가? _ 97
   03 욕심을 버려야만 행복할까? _ 117

❖ 남이 좋다는 것만 따라가면 그게 어디 내 것인가 _ 133

3장 인간의 양면성

❖ 네 말도, 네 말도, 그리고 네 말도 옳다! _ 139
    01 선한 자와 악한 자 _ 141
    02 강함과 약함은 거울의 양면 _ 157
    03 이중인격자를 비난 말라! _ 177
❖ 나도 몰랐던 나의 모습을 만나 _ 203

4장 인생의 양면성

❖ 누구나 바라마지 않는 완벽한 삶 _ 209
    01 백 명의 사람, 백 가지의 사회상 _ 211
    02 성공한 삶, 실패한 삶 _ 233
    03 꽃이 있는 자리에 곰팡이가 있다 _ 251
❖ 모두 같을 수는 없어요 _ 275

| 맺음말 | 세상에 감춰진 아름다움들을 찾아서 _ 279

1장

사랑의 양면성

그대에게는 지금 사랑이 필요하다

사랑이라는 것은 어떤 것일까. 우리는 사랑이 아닌 것으로부터 이해를 시작해 사랑을 발견하게 되는 과정을 밟는다. 사랑은 상대방을 차지하고자 하는 소유욕을 지니고 있으면서도, 양보와 배려를 통한 관용의 모습 또한 갖고 있다.

구체적인 사랑의 형태는 존재하지 않는다. 그것은 끊임없이 아름답게 변하고, 추잡하게 변하고, 맹목적으로 변하고, 뒤틀린 상태로 존재할 수도 있다. 어떤 형태건 사랑의 존재는 지금 현재를 살아가는 우리에게 반드시 필요하다.

미지의 사랑을 관찰하고 사색하며 순수하게 그 사랑을 이해하려고 할 때, 사랑의 다양한 모습으로부터 자유로워진다. 비로소 그때 사랑은 모습을 나타낸다. 그러나 사랑이 꼭 좋은 때에만 찾아오는 것은 아니다. 원치 않는 때에 찾아오기도 한다. 인간의 뜻대로 되지 않는 것이 사랑이며, 그렇기에 우리는 사랑의 속성을 이해해야 한다.

대부분의 사람들은 찾아온 사랑을 온전히 이해하려고 하지 않는다. 도리어 환경과 상황이 사랑을 통제한다. 한 사람을 사랑하고 이해하는 데도 수많은 난관과 부딪친다. 그러나 우리가 한 인간을 사랑하고 있다는 것을 알게 되었을 때, 우리는 모든 것에 대한 사랑을 알게 될 것이다.

미지의 사랑에 많고 적음은 없다. 다만 사랑이 있을 뿐이다. 그 사랑의 양면에 대해 탐구해보자. 그리고 당신을 당신답게 만들어줄 '사랑'을 찾아보자.

01
사랑은 아름다운가, 추한가?

✏️ 사랑의 다양한 형태를 보여주는 고전들

❖ 로미오와 줄리엣

'사랑'하면 떠오르는 수많은 작품이 있다. 그중에서도 정열적인 사랑으로 관객의 심금을 울렸던 대표적인 작품을 꼽자면 단연 〈로미오와 줄리엣〉일 것이다.

로미오와 줄리엣의 사랑은 두 가문의 갈등으로 인해 비극으로 치닫는다. 주어진 운명을 극복하고 사랑하려는 로미오와 줄리엣은 결국 비극적인 죽음을 맞는다. 이 낭만적인 이야기는 지금까지도 다양한 매체로 변모하며 사람들의 사랑을 받았다.

"눈이여, 끝으로 보아라! 팔이여, 끝으로 포옹하라! 그리고 입술이여, 오 너, 호흡의 관문이여, 올바른 키스로 삼키는 죽음과 무한한 계약을 맺어라! 오라, 쓰디쓴 길잡이여, 불쾌한 안내자여! 그대, 절망한 선장이여. 바다에 지친 배를 파선의 바위 위로 지금 즉시 몰아가라! 내 님을 위하여! 오, 정확한 약장수다! 약효가 빠르네. 난 이렇게 키스하며 죽는다."

로맨티시스트로 곧잘 묘사되는 로미오는 사실 줄리엣과 뜨거운 사랑을 경험하기 전에는 사랑에 미숙한 청년이었다. 그는 줄리엣을 만나기 전에 이미 로잘린이라는 숙녀에게 반한 상태였으며 그녀를 보러 간 무도회장에서 줄리엣에게 반하게 된 것이다. 원수 가문의 무도회에 몰래 잠입할 정도로 앞뒤 가리지 않으며 자신을 거부하는 로잘린에게 일방적인 구애를 펼쳤다. 그런 그가 성숙해지는 계기가 된 것은 줄리엣과의 만남인데, 이때 로미오는 줄리엣에게 첫눈에 반해버린다.

로미오는 그녀와 결혼을 꿈꾸었고, 카풀렛 가문과 몬터규 가문의 갈등을 뛰어넘는 숭고한 사랑을 시작하게 된다.

줄리엣 또한 로미오를 만나게 되면서 급격하게 성장하고 이후 내내 주체적인 여성으로 표현된다. 줄리엣 또한 로미오에게 첫눈에 반해 정원에서 사랑을 노래하는 대목은 우리에게 너무 유명한 장면이다. 그녀는 로미오가 사촌을 죽인 것에 대해 괴로워하지만, 이미 사랑에 빠진 상대를 내치지 못한다. 살인 사건 이후 로미오가 추방당해 졸부 파리스와 결혼할 위기에 처하자 로미오와 함께하기 위해 가사 상태에 빠지는 비약을 먹는 계획을 세우기까지 한다.

이 둘의 사랑은 끝내 이루어지지 않았지만, 서로에게 처한 모든 난관을 오직 사랑으로 극복하는 과정은 관객에게 큰 카타르시스를 선사한다. 사랑으로 두 주인공이 성숙해졌고, 이루어지지 못한 사랑이 두 가문을 감동하게 해 화해의 장을 열어주었다. 아직도 많은 관객이 〈로미오와 줄리엣〉에 열광하는 이유가 여기에 있는 듯하다.

〈로미오와 줄리엣〉은 소설뿐만 아니라 영화, 뮤지컬, 애니메이션 등 다양한 매체로 각색되었다. 한 가지 재미있는 것은 모든 매체를 막론하고 로미오와 줄리엣은 언제나 굉장한 미모의 소유자로 표현되었다는 점이다. 1968년에 개봉한 영화 〈로미오와 줄리엣〉에서 줄리엣 역할은 '올리비아 허시'가, 1996년 개봉한 〈로미오+줄리엣〉에서는 '레오나르도 디카프리오'가 로미오 역할을 맡았다. 두 배우 모두 책에서의 묘사처럼 첫눈에 반할 만큼 아름다운 외모의 소유자다.

<로미오+줄리엣(1996)>　　　　　　　　<로미오와 줄리엣(1968)>
레오나르도 디카프리오　　　　　　　　올리비아 허시

셰익스피어는 <로미오와 줄리엣>을 통해 사랑에 대해 이렇게 표현했다.

"말리면 말릴수록 불타는 것이 사랑이다.
졸졸 흐르는 시냇물도 막으면 막을수록 거세게 흐른다."

그의 말처럼 <로미오와 줄리엣> 속 등장하는 사랑의 모습은 아름다움을 뛰어넘어 숭고하기까지 하다. 등장인물들의 화려한 외모도 아름다운 사랑을 표현하는 데 한몫했으리라.

❖ 노트르담의 꼽추

위와 전혀 상반되는 방식을 사용해 사랑을 표현한 작품도 있다.

우리에게 〈노트르담의 꼽추〉라는 제목으로 더 익숙한 빅토르 위고의 장편소설 〈파리의 노트르담Notre-Dame de Paris〉이다. 원작의 내용과 각색한 애니메이션의 내용에 큰 차이가 있어, 사랑의 모습이 좀 더 잘 드러난 애니메이션의 입장에서 서술한다. 로미오와 줄리엣처럼 〈노트르담의 꼽추〉에서도 사랑의 주인공이 등장하는데 바로 '콰지모도'와 '에스메랄다' 그리고 '페뷔스'이다. 그들의 사랑은 파리의 영주이자 악역인 '프롤로'의 지속적인 방해를 받는다. 간략한 줄거리를 설명한다.

콰지모도는 전형적인 남자 주인공의 외모와는 정반대의 모습을 가졌다. 그는 태어날 때부터 등이 굽은 흉측한 꼽추로 노트르담 성당의 종지기 역할을 하고 있다. 잘생긴 외모와는 큰 거리가 있는 인물이지만, 따뜻한 성품의 소유자이다. 그는 파리 최고의 미녀이자 뛰어난 춤솜씨를 가진 '에스메랄다'에게 한눈에 반한다. 그녀가 자신을 다른 사람과 다를 것 없이 대해준 것이 그 이유다. 그러나 애석하게도 그녀는 '페뷔스'라는 젊고 잘생긴 근위 대장과 눈이 맞는다. 악당 프롤로의 계략에 화형당할 위기에 빠졌을 때 그녀를 구해낸 것은 콰지모도였으나, 결말에는 콰지모도의 축복 속에 페뷔스와 결혼식을 올린다.

"그녀를 잡아 불에 태워 죽이시든지 온전히 제 것이 되게 하소서!"

〈노트르담의 꼽추〉는 에스메랄다를 중심으로 각 등장인물이 그녀를 향해 표현하는 사랑의 형태를 다양하게 그려내었다. 프롤로는 애증과 소유욕의 광기로 그녀를 사랑했고, 콰지모도는 순수함과 헌신으로 그녀를 사랑했다. 그러나 에스메랄다는 광기도, 순수함도 아닌 운명을 선택했다.

✏️ 사랑의 다양한 형태, 운명에 대하여

그 운명이라는 것은 다름 아닌 첫 만남이 주는 느낌이다. 로미오와 줄리엣이 처음 만나 사랑에 빠진 것처럼 에스메랄다도 페뷔스와 처음 만났을 때 사랑에 빠졌다. 그는 젊고 유능했으며, 귀족 출신에 잘생긴 외모까지 갖추었다. 여러모로 아름다운 사랑을 표현하기에 적합한 캐릭터가 분명했다.

작중에서 에스메랄다를 향한 마음을 드러내지 않는 콰지모도의 행동은 무척 영리했다. 그가 만일 사랑을 표현했으면 어떻게 되었을까. 에스메랄다는 정중히 거절했을 것이다. 콰지모도는 그의 운명의 상대가 아니었기 때문이다. 여러 의미가 포함되어 있지만, 외모도 큰 요인이 될 수 있을 것이다.

또는 자신의 이상형이 나를 선택하지 않는다면, 그 사랑은 얼마든지 추하게 변할 수 있다. 그녀에 대한 마음을 끝까지 숨겼던 콰지모도는 그녀의 결혼식을 축하해줄 수 있었다. 만일 그가 마음을 표현하고 그녀에게 거절당했다면, 악당 프롤로가 그러했듯이 그녀를 향한 사랑이 광기와 집착으로 변할 가능성도 충분했다. 아이러니하게도 그녀를 향한 사랑을 숨겼더니 아름다운 사랑이 완성된 것이다.

〈로미오와 줄리엣〉과 〈노트르담의 꼽추〉를 통해 사랑의 다양한 모습을 찾아볼 수 있다. 로미오와 줄리엣의 격정적인 사랑은 죽음을 불사했지만, 둘 중 한 명이 상대방을 거절했다면 사랑은 시작되지도 않았을 것이다. 거절의 사유는 외모에 기인할 수도, 성격에 기인할 수도, 가문에 기인할 수도 있었다.

누구나 짝사랑을 해본 경험이 있다. 그 사랑은 나에게 완벽하고 운명적인 사랑이지만, 상대방도 나와 똑같이 느낀다는 보장은 없다. 운명적인 사랑이 광기와 집착으로 추하게 변하는 것은 한순간이다. 사랑은 희극이기도 하지만, 조금만 방향이 빗나가면 비극으로 치닫기 마련이다.

운명적인 사랑이란 과연 어떤 것일까?
첫눈에 빠지는 사랑의 형태는 또 어떤 모습인가.
당신의 사랑은 어떤가.
아름다운가, 아니면 추한가?

이상형, 그 비극 아닌 비극에 대하여

누구나 이상형과 함께 운명적인 사랑을 나누는 달콤한 상상을 한 적이 있을 것이다. 어두운 골목길에서 그녀가 지나가기만을 기다려보고, 생전 처음 꽃을 사러 가는 길은 또 얼마나 떨렸던지. 사랑에 빠진 사람은 세상을 다 얻은 기분이다. 비록 사랑의 당사자는 내 마음을 알아주지 못하더라도.

짝사랑은 대부분 실패로 끝난다. 서툰 마음에 감정표현을 서둘렀을 수도 있고, 반대로 너무 드러내지 않아 상대방이 지쳤을 수도 있다. 인연으로 발전할 가능성 중 하나가 모자라 실패하는 경우도 빈번하다. 이루어지지 않은 짝사랑은 아름다움과 거리가 멀다. 다른 이를 만나도 만족하지 못하고, 다른 사람을 사랑하고 있는 그이를 그리워한다.

그리하여 이상형에 대한 맹목적인 사랑은 더욱 빛난다. 내가 사랑하는 사람이 나를 사랑할 확률이 낮으면 낮을수록 결실의 쾌감은 이루 말할 수 없다.

헤르만 헤세의 한 마디가 떠오른다.

"우리는 가장 얻기 힘든 것을 가장 사랑하는 법이지요."

하지만 과연 사랑하는 사람과 인연이 닿았다면 그걸로 끝일까? 애타고 불안했던 나의 인생에 구원자가 찾아와 180도로 변한 인생을 함께 살아가는 것일까. 그렇다고 선뜻 대답하기 어렵다. 아슬아슬한 줄타기를 끝내고 앞에 펼쳐진 것은 또 다른 벼랑과 이어진 밧줄일 것이다.

그토록 사랑했던 사람과 첫 번째로 갖는 식사 자리에서 의외로 실망하는 사람이 많다. 코를 훔치다 빼꼼 튀어나온 코털, 화장실에 다녀왔는데 건조한 손바닥, 게걸스럽게 먹는 모습까지. 평소라면 그냥 넘어갈 수 있는 것들이 온 신경을 자극한다.

사랑의 모습은 정말 다양하여, 누군가가 나에게 애정을 표현하면 가끔 그에게 거만해지고 내 멋대로 행동하기도 한다.

대부분 과거의 연인과 함께한 사랑을 새로운 연인과도 함께하려는 오판을 내린다. 그의 전 애인과 같은 모습으로 나를 바꾸려고 한다면, 씌어있던 콩깍지는 한순간에 벗겨질 것이다. 이상형의 부탁이라 한들 누가 과거 연인의 모습을 흉내 내어 주겠는가. 꿈꿔왔던 사람이 자신의 지위를 이용해 나를 조종하려 든다면 그동안 일편단심으로 사모했던 마음이 사라지는 것을 느낄 것이다.

사랑이 깊어진 후에는 또 어떤가. 아침에 눈을 뜨자마자 나를 찾고, 밤에도 내 목소리를 들어야 잠에 빠질 수 있는 사람. 주말에는 본인만을 만나기 원했고, 야근하는 날이면 회사 앞에서 나를 기다렸던 사람. 나와 그 사람에게는 친구도 취미도 존재하지 않았다. 내가 그토록 사랑했던 사람이지만, 곧 그의 삶이 나로 가득 차자 마음이 식어버렸다.

완벽한 사랑이라 생각할수록 상대방에게 완벽함을 투영한다. 그것은 나의 기준을 칼처럼 날카롭게 만들어 조그만 실수에도 실망감에 빠지게 만든다.
 아름다운 보석을 누구보다 갈망했지만, 소유하고 나니 깨지는 건 한순간이었다.

만났다가 헤어지고 또 다시 만나고

"사랑할 시간도 부족한데 싸우지 말자."

물론 맞는 말이다. 그러나 거의 모든 연인은 그들의 싸움을 멈추지 못한다. 연애의 끝이 결혼과 이별이라면, 우리는 결혼보다 이별을 훨씬 더 많이 만난다.

사랑하는 사람은 나와 아름답게 사랑을 속삭인다. 금세 원수처럼 서로를 비난한다. 다시 만나 화해한다. 우리가 너무 사랑해서 그래. 다시 사랑을 노래한다. 그렇게 반복하다 이별을 경험한다. 다 잊었다고 생각했지만, 그녀와 같이 들었던 노래, 그녀가 뿌렸던 향수, 그녀의 말버릇을 일상에서 만나면 하루를 통째로 낭비한다. 심지어 사랑하는 사람이 떠난 후 스스로 극단적인 선택을 하는 이도 존재한다. 왜 사랑의 시작은 아름다우나 사랑의 끝은 추하며 파멸로 서로를 이끄는 것일까. 이는 과거에도 마찬가지다.

'Amantes'와 'Amentes'

이 비슷한 두 단어는 라틴어에서 유래했다. 첫 번째 단어는 '사랑에 빠진

자'를 두 번째 단어는 '미치광이'를 뜻한다. 고대 사람들도 사랑과 광기를 한 연장선에서 생각했나 보다.

트로이의 영웅 아이네이스는 바다를 항해하는 도중 카르타고의 여왕 디도를 만난다. 아이네이스는 신들로부터 유목민과 함께 새로운 나라를 건국하라는 명을 받았지만, 디도와 격정적인 사랑에 빠지고 만다. 신들은 그 모습을 지켜보다 아이네이스에 불호령을 내렸고, 그는 결국 배를 타고 디도를 떠난다. 디도는 그가 수평선으로 사라질 때까지 지켜보았다. 그리고 그가 쓰던 모든 물건을 가져와 불을 붙였다. 그를 잊기 위해 하는 행동인 것으로만 알았지만, 이내 자신도 불 속으로 뛰어든다.

어떤 사랑은 비극으로 끝난다. 그들에게 사랑의 끝은 이별이 아닌 세계의 멸망이다. 자아의 붕괴이며 나의 불행으로 그가 고통스러워하길 바란다.

사랑은 희생정신으로 나를 고취해 전에 하지 못했던 일을 해낼 수 있게 해준다. 그녀 혹은 그이를 위해 기꺼이 나의 모습을 변화할 수 있는 용기를 갖는다. 또한 나보다 상대방을 배려하는 모습도 사랑에 빠진 사람이 보여주는 행동이다. 거친 언행을 하는 사람이 사랑하는 사람 앞에서는 달콤한 말만 반복하는 것도 구체적인 사랑의 예시다.

그러나 사랑에는 치명적인 소유욕도 함께 존재한다. 나만 그를 가질 수 있고 모든 것을 나와 함께해야만 한다는 강박관념이 사소한 다툼을 유발하고 종국에는 이별까지 경험하게 한다.

단조로움을 견디지 못하는 사람도 존재한다. 잔잔하고 오래가는 것은 사랑이 아니라며 부정한다. 그 또한 사랑의 한 형태인 것을 망각한 채 말이다.

사랑에는 아름다움과 애정만이 있는 것이 아니다. 애착과 집착 질투와 소유욕, 권태기 등 다양한 가치와 함께 공존한다. 애착은 일방적이고 맹목적이지만 애정은 상호의 공유관계다. 사랑은 시간이 지날수록 다양하게 변하며 애정으로 시작한 출발점을 망각하게 만든다. 애정이 애착이 되고, 애착이 집착으로 변질되는 과정을 통해 연애는 끝으로 향한다.

매번은 아니지만, 사랑의 이면과 다양성을 간과하고 모든 것이 애정이라 착각한 이들은 필연적으로 추하고 파멸적인 이별을 겪는다.

쇼펜하우어는 이별에 대해 이렇게 말했다.

"시간이 흘러 사랑이 지나가고 나면 비로소 깨닫게 된다. 사랑이 자신에게 씌웠던 자욱한 안개의 의미와 잔인한 비극을!"

그래도 영원한 것

쇼펜하우어는 사랑 뒤에는 잔인한 이별이 찾아온다는 것을 언급하면서도 사랑의 영속성을 강조하기도 했다.

"지금도 불멸의 명성을 얻고 있는 작가들이 사랑을 주제로 한 작품을 쓰고 있는 것은 우리가 한 순간이라도 사랑을 하지 않으면서 살아갈 수 없다는 것을 보여주는 증거다."

이젠 정말 누구도 사랑하지 않겠다며 술에 취해 고래고래 소리를 지르던 사람이 어느 순간 애인과 길거리를 거니는 장면을 본 적 있을 것이다. 애석하게도 인간이란, 실패하고 버림받으면서도 끊임없이 사랑을 갈구한다.

사랑의 다양한 형태를 이해하지 않는 자는 필연적으로 추한 사랑의 모습을 보게 된다고 밝힌 바 있다. 그러나 그것이 사랑하지 말라는 뜻은 아니다. 사랑을 이해하기 위해 역설적으로 사랑을 해야만 한다. 그러나 혼자 겪는 시간을 받아들이지 못하고 외로움에 목매는 이는 사랑의 형태를 이해하기까지 오랜 시간이 걸릴 것이다.

이별 후에 겪는 외로움도 사랑의 모습이다. 지나간 이를 역력히 회상하고 감정을 감내할 수 있는 이는 다음에 찾아올 사랑에 좀 더 유연할 수 있다. 사랑에 대한 가치관을 넓히고 더 많은 모습을 수용할 수 있으리라. 깊은 외로움을 들여다본 자만이 전체를 볼 수 있는 능력을 기르기 마련이다.

사랑이 끊기지 말아야 한다는 생각도 잘못되었다. 혼자 갖는 시간 동안 주도적으로 행동하며 나의 시각과 사람, 사랑에 대한 시각을 넓히는 것이 외로움에 굴복하는 것보다 낫다. 나는 왜 매번 비슷한 사람을 만나 비슷한 이별을 경험하냐며 한탄하는 사람도 괜찮다. 그럴수록 혼자만의 시간을 갖고 의연한 자세로 나를 돌아보는 경험이 필요하다.

사랑은 때에 따라 다양한 모습으로 변하고, 그 모습을 담지 못하는 연인은 이별을 겪는다. 지나간 인연을 통해 사랑의 모습이 여러 가지라는 것을 깨달았다면, 사랑의 이면은 외로움이라는 것 또한 받아들일 줄 알아야 한다.

때로는 순리에 따르는 것도 좋다. 물 밀리듯 들어온 사랑이 나에게서 빠져

나갈 때 땅은 건조하게 갈라지는 법이다. 그것을 이해하고 조용히 관조하는 것도 하나의 방법이리라.

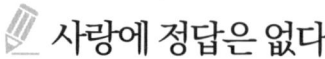 사랑에 정답은 없다

"사랑에 정답은 없다"라는 말은 이미 우리에게 너무나도 익숙한 문장이다. 사랑의 완성이라 찬사받는 로미오와 줄리엣의 여정은 죽음으로 막을 내렸고, 콰지모도 역시 사랑을 이유로 자신의 양아버지를 죽음으로 몰았으며, 자신의 진정한 마음을 에스메랄다에게 표현하지 못했다.

앞서 언급한 등장인물들의 사연 중 어느 것이 더 옳은 사랑이냐는 질문은 무의미하다. 그것은 끊임없이 변화하고 뒤틀리면서 다양하게 해석할 수 있는 여지를 남긴다. 비현실적인 사랑의 환상은 존재하지 않는다. 우리는 TV와 같은 매체에서 사랑의 수많은 모습 중 단편적인 부분만 보고 그것만이 사랑이라 착각하는 것이다.

사랑은 물과 같아 담는 접시마다 다르게 모양이 변한다. 애착이란 접시에 담긴 사랑은 상대를 소유하려는 모양으로 나타날 것이고, 애정이란 접시에 담긴 사랑은 상대를 존중하려는 모습으로 나타날 것이다. 때로는 그 접시 위를 덮어 감춰 두어야만 완성되는 사랑의 형태도 존재한다. 성인의 사랑은 오래 전부터 인간에게 내려온 전유물이다. 본능과 감정만이 사랑이라면 우리는 사랑의 다양한 형태를 이해할 필요도, 그것 때문에 고통 받고 힘들어할 이유도 없다.

새로운 사랑은 우리를 위로하지 않는다. 다른 사랑의 형태로 과거의 사랑을 덮어버릴 뿐이다. 오직 사랑의 양면성을 이해하는 것만이 우리를 위로해줄 수 있다. 양면성의 이해야말로 사랑의 큰 틀을 만들고 애정과 애착의 균형을 회복하는 열쇠가 되어주리라.

옛날 노나라의 왕궁에 바닷새 한 마리가 날아왔다. 왕은 새를 극진히 대접하는 것을 미덕이라 생각해, 다른 나라의 국빈을 맞이하는 것처럼 산해진미 가득한 술상을 대접했다. 그러나 바닷새는 음식을 한 조각도 집어 먹지 않았고, 며칠을 시름시름 앓다가 그대로 죽어버렸다. 이처럼 다양성을 이해하지 못하고 나의 선입견대로만 행동하는 것은 전혀 엉뚱한 결과를 낳는다.

허망하고 후회하면 무엇하랴. 새는 이미 떠났고 사랑은 다른 곳을 향했다. 정답이 없다는 것을 받아들이는 마음가짐이 사랑을 시작할 수 있는 사람의 태도가 아닐까. 우리는 지금 어떠한 사랑의 형태를 이해하려 하고 있는가.

02

맹목적이며 위태로운 사랑의 줄타기

✏️ 사랑을 노래하는 작은 참새 - 에디트 피아프

사람들은 위대한 업적을 남긴 예술가를 기억하는 것을 좋아한다. 특히 그 천재가 겪었던 사랑은 후대에도 가십거리에 오르기 쉽다. 많은 예술가가 떠오르지만, 샹송의 여왕이자 프랑스의 작은 참새로 찬사받는 에디트 피아프의 일생을 소개한다.

평범한 가수는 언어를 전달하고 뛰어난 가수는 감정을 전달한다. 에디트 피아프는 탁월한 가수였다. 그녀의 영화 같은 48년의 인생은 굴곡졌으며 아

에디트 피아프(Edith Piaf)
1915.12.19. ~ 1963.10.11.

름다웠다. 고통 속에 태어나 사랑을 경험하고 몇 번의 절망도 만났다. 그러므로 그녀는 노래에 자신이 경험한 감정을 완벽하게 녹여내었다. 그녀의 인생은 비탈길 같았지만, 대중은 그녀의 목소리에 열광했다. 그야말로 타고난 가수였다.

에디트는 파리의 빈민가에서 태어났다. 가난한 가정에서 태어난 에디트의 인생은 유년기부터 삐걱거렸다. 아버지는 유랑하며 곡예를 부리는 곡예사였다. 전쟁에 징집된 그의 아버지는 에디트 곁을 떠날 수밖에 없었고, 삼류 가수인 그녀의 엄마는 생활고에 지쳐 외할머니에게 에디트를 맡겼다. 외할머니는 심각한 알코올중독자였다. 에디트는 불안정한 환경에서 자라야 했기 때문에 시력의 저하는 물론 영양실조에 걸려 그녀의 키는 140cm에서 멈추었다. 그녀의 신장은 훗날 '작은 참새'라는 뜻의 피아프piaf라는 별명의 유래가 되었다.

다시 돌아온 아버지와 전국을 떠돌며 노래를 부르고 유랑 생활을 하지만, 상황은 나아지지 않았다. 15살이 되던 해 무작정 독립을 해 아무 곳에서나 노래를 부르며 생을 이어나갔다. 17살 그녀는 첫 번째 사랑을 경험하게 된다. 남자친구가 있었던 에디트는 마르셀이라는 아이를 낳았다. 그러나 사랑을 받는 법도 양육을 하는 법도 몰랐던 탓일까. 마르셀은 태어난 지 2년 만에 그녀 곁을 떠나간다. 사인은 수막염이었다. 에디트는 이때 생애 처음으로 가슴을 저미는 분노와 슬픔을 느꼈고 며칠 동안 밥도 먹지 않고 눈물만 흘렸다. 절규하는 호소력과 끓어오르는 분노를 표출하는 그녀의 음성은 이미 이때부터 시작되고 있었다.

그녀는 자신이 사랑한 남자들을 선원에 비유하는 것을 즐겼다. 에디트의 노래 대부분에서 '남자는 선원처럼 떠나면 돌아오지 않는다.'라는 가사를 쉽게 찾아볼 수 있다. 에디트는 자신을 떠나 돌아오지 않는 남자들을 원망하지 않았다. 오히려 자신에게 다가오는 많은 남자를 매번 마지막 사랑처럼 순수하고 열정적으로 사랑했다고 한다. 사랑에 대한 관점과 깊이가 남다른 그녀였다. 에디트에게 사랑과 이별은 곧 샹송의 원동력이었다.

1944년 여름. 에디트는 물랑루즈 무대에서 6살 연하의 이탈리아 가수 이브 몽탕과 사랑에 빠지게 된다. 에디트는 이브의 노래를 듣고 날카로운 비평을 던졌다. 자존심 강한 이브는 그 즉시 자리를 박차고 나갔다. 에디트는 저 잘생긴 미남이 언젠가 나에게 찾아올 거라고 호언장담했다고 한다. 그녀의 말대로 얼마 지나지 않아 이브는 에디트를 찾아왔고, 그녀에게 샹송을 배우며 연인의 관계로 발전하게 된다.

이때 에디트는 〈장밋빛 인생〉이라는 유명한 노래를 발표한다. '라비 엥 로즈'라는 불어로도 유명한 불후의 명곡이다. 당시 인기의 정점에 서 있던 에디트는 이브를 물심양면 밀어주게 되고 이브 또한 훌륭한 샹송 가수로 성장하게 된다. 그러나 인기를 얻게 된 이브는 에디트를 걸림돌처럼 취급했고 나중에는 에디트에게 주먹까지 휘둘러 그들의 사랑은 식어가게 되었다.

실패한 사랑과는 별개로 그녀의 명성은 나날이 높아지고 있었다. 에디트는 샹송이 생소한 미국 무대에까지 진출하게 된다. 샹송 특유의 애절함이 에디트의 호소력 짙은 목소리로 표현되었다. 아련하면서도 서서히 끓어오르는 용암 같은 선율이 미국인들의 마음을 사로잡았다.

1947년. 미국에 진출한 에디트는 마르셀 세르당을 운명처럼 만난다. 마르셀 세르당은 1940년대 프랑스의 복싱 영웅이다. 그는 호쾌한 KO 펀치로 당대의 강타자들을 격파했으며 그의 인기는 프랑스에서 상상을 초월했다. 그는 알제리 태생으로 에디트처럼 외로운 어린 시절을 보낸 경험이 있었다. 그는 복서로 데뷔해 109승 4패라는 경이로운 업적을 쌓는다.

그러나 마르셀은 이미 세 아들을 둔 아버지였다. 그는 타이틀 매치를 앞두고 미국에 머무르던 도중 에디트를 만나게 된 것이다. 공식적인 축복을 받지는 못했지만, 그들은 서로를 정열적으로 사랑했다.

 1949년. 마르셀은 시합이 끝난 후 에디트를 만나러 가기 위해 비행기를 탄다. 그러나 마르셀이 탄 비행기는 대서양 한가운데로 추락하게 되고 마르셀은 그대로 사망한다. 드디어 진정한 사랑을 만났다고 생각했던 에디트는 극심한 슬픔에 잠겼다. 그녀는 죄책감과 고통과 절망 속에 모든 일정을 취소했다. 이때의 감정이 온몸으로 터져 나오며 탄생한 노래가 바로 〈사랑의 찬가〉이다. 마르셀에게 영원한 사랑을 애원하는 가사가 아름다운 노래다. 에디트는 훗날 마르셀에 대해 이렇게 말한다.

 "내가 진정으로 사랑한 남자는 마르셀뿐이었다."

 마르셀을 잃은 에디트는 미국에서 샹송 공연을 하던 도중 자크 필스라는 샹송 가수를 만나 다시 한번 사랑에 빠진다. 그녀는 이 시절 안정감을 얻고 싶었던 것인지 첫 번째 결혼을 필스와 한다. 필스는 에디트의 후광을 업고 급속도로 성장했다. 그러나 에디트는 이때부터 모르핀의 남용으로 서서히 망가지기 시작한다. 결혼 생활은 5년이 되지 않아 끝났다. 에디트의 인생은 마지막을 향해 달려가고 있었다. 이로부터 약 10년간 죽기 전까지 술, 사고, 약, 노래와 함께 뒤섞인 사투와 같은 인생을 살았다.

 그는 테오라는 21살 연하의 남성과 마지막 인연을 쌓는다. 에디트는 너무나 노쇠해진 탓에 테오의 극진한 간호에도 불구하고 1963년 테오가 지켜보는 가운데 숨을 거두었다.

〈Non! Je ne regrette rien!(아니, 난 후회하지 않아요)〉는 에디트가 테오를 만나기 전에 발표한 그녀의 마지막 히트곡이다. 변화무쌍한 사랑의 굴곡을 견뎌온 그녀가 부른 마지막 노래는 그 제목이 주는 뜻처럼 의미심장하다.

> "난 아무것도 후회하지 않아요. 그 무엇도 후회하지 않아요.
> 사람들이 내게 불행을 주었든 행복을 주었든 상관없어요.
> 내가 사랑했던 사람들도, 그들의 떨리는 음성들도 다 지워버렸어요.
> 처음부터 다시 시작할 거예요.
> 아무것도 후회하지 않아요.
> 나의 삶 나의 기쁨은 오늘 바로 그대와 함께 시작되니까요!"

그녀는 수많은 사랑과 이별의 아픔을 겪었다. 그런데도 후회하지 않는다고 당당하게 말했다. 그녀는 샤넬 코코와도 흔히 비교되곤 한다. 둘 다 여자였으며, 능력 있었고 불우한 유년 시절을 극복해 한 분야의 정점에 자리에 올랐다는 공통점이 있다. 둘의 차이점은 사랑을 대하는 태도였다.

샤넬 코코가 자신의 사업 확장을 위해 부자들과 연애하며 사랑을 하나의 수

단으로 생각했다면, 에디트 피아프에게 사랑은 자신의 삶 그 자체였다. 사랑에 빠진 상대에게 모든 것을 베풀었으며 이별의 아픔을 받아들였다. 그런 그녀의 삶을 통해 맹목적인 사랑의 형태를 확인할 수 있다. 그녀는 떠나간 사랑들에 후회하고 자신을 탓하거나 상대방을 탓하지 않았다.

"잠깐도 사랑을 쉬지 않았던 그녀의 말로는 비참했다."

"그녀는 남자 없이 살지 못하는 인간이었다!"

그녀가 헤프고 지조 없다며 비판하는 이들도 많다. 사랑만 갈구하다 자신의 인생을 파멸로 이끌었다는 의견도 있다. 그러나 본인이 자신의 삶에 후회하지 않는다니, 수많은 비난이 다 무슨 소용인가 싶다.

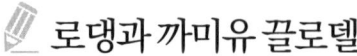 로댕과 까미유 끌로델

에디트 피아프는 맹목적인 사랑의 길을 걸어왔다. 다사다난하긴 했지만, 그녀가 눈을 감을 때 그의 남편 테오가 곁을 지켰다. 그녀의 장례식장에는 테오를 포함한 약 4만 명의 조문객이 모여 애도를 표했다. 그토록 사랑을 갈망했던 그녀에게 어울리는 따뜻한 마지막이었다.

하지만 맹목적인 사랑은 자칫 광기의 사랑으로 변질될 가능성도 있다. 특히 예술가들에게서 그런 변형이 쉽게 일어나기 마련이다. 예술과 광기는 종이 한 장 차이인 것이 그 이유가 될 수도 있겠다.

또 한 명의 천재적인 재능을 가진 인물을 소개한다.

까미유 끌로델은 격정의 사랑이 초래한 비극적인 예술가의 초상 그 자체다. 천재의 몰락은 언제나 흥미로운 주제인데, 그 이유가 사랑에 기인한다면 더욱 그럴 것이다.

오래 전 영화 〈까미유 끌로델〉을 본 기억이 있다. 끌로델이 한 줌 빛도 들어오지 않는 어둠 속에서 광기에 어린 모습으로 흙과 교감하는 모습이 아직도 눈앞에 선명하다. 진정으로 예술을 사랑하는 그녀의 모습은 마치 한 명의 광인과도 같았다. 하늘이 내린 조각가 로댕이 유일하게 질투한 여인 끌로델. 그녀의 빛나는 재능은 사랑으로 인해 불행해졌다. 스승인 로댕과 연인 사이로 발전하기도 했던 끌로델은 이후 30년이 넘는 시간 동안 정신병원에 갇혀 외롭게 세상과 작별했다.

까미유 끌로델(Camille Claude)
1864.12.8. ~ 1943.10.19.

로댕이 끌로델을 만난 것은 그의 나이 43세, 끌로델은 당시 19살의 청초한 나이였다. 실험적인 작품처럼 아름답고 뒤틀린 그들의 사랑 이야기를 들여다보자.

로댕은 많은 천재가 그렇듯, 어려운 유년 시절을 보냈다. 그는 선천적으로 낮은 시력 탓에 공부와는 거리가 멀었다. 그림과 조각에 재능을 보였으나, 프랑스의 국립 미술학교 '에콜 데 보자르'에 3번이나 낙방하였다. 결국, 조각가의 조수로 일하며 생계를 연명하다가 누나의 뒤를 따라 수도원에 들어가게 된다.

하지만 예술의 끈은 그를 쉽사리 놓아주지 않았다. 그는 수도원을 다시 나와 건축 장식을 만드는 직업을 오랫동안 유지하며 예술적 감각을 극한까지 끌어올린다. 각종 전시회에 출품하고 낙방하면서도 희망을 잃지 않고 조각을 포기하지 않는다. 이런 그의 염원이 하늘에 닿은 탓일까. 그는 1881년 살롱전에서 작품 〈세례 요한〉을 출품해 3위에 입상한다. 이를 시작으로 〈발자크〉, 〈코가 부러진 사나이〉, 〈지옥의 문〉 등 130점이 넘는 조각품을 전시한다.

그는 화려한 여성 편력으로도 주목받았다. 로즈 뵈레를 아내로 두었으면서도 수없이 많은 외도를 일삼았다. 그랬던 그는 자연스럽게 까미유 끌로델을 마주하게 되고, 그녀와 급속도로 사랑에 빠지게 된다.

"정신병원으로 보내져 고행의 세월을 보낸 지 벌써 17년이 흘렀다. 내 평생의 작품을 뺏어가고도 그들은 그들이 들어가야 할 감옥으로 나를 들어가게 했다. 내 집에 돌아갈 수 있는 꿈을 실현할 수 있을지는 모르겠다."

이것은 끌로델이 동생 폴에게 보낸 편지 중 일부의 내용이다. 무엇이 그녀를 이토록 몰아세운 것일까. 한때 그녀는 타의 추종을 불허하는 재능을 가진 조각가이자, 아름다운 순수한 소녀였다.

동생인 폴은 문학적 재능을, 끌로델은 조각에 재능을 나타냈다. 남매는 어린 시절부터 서로의 예술성을 논하며 무척 친하게 지냈다. 서로 풍성한 감성을 소유하고 있었기 때문은 아닐까. 끌로델은 13살에 처음으로 조각을 접하게 된다. 18살이 되던 해에는 남동생 폴의 모습을 본뜬 〈열세 살의 폴 끌로델〉이라는 첫 작품을 만들었다.

1883년 끌로델은 자신의 인생을 송두리째 바꾸어버릴 사람을 만난다. 오귀스트 로댕을 자신의 스승으로 맞이한 것이다. 43살의 로댕은 끌로델의 재능을 심상치 않은 것으로 판단했고, 서로 감수성을 교환하며 풍부한 영감을 얻었다. 사랑하면 닮아간다고 했던가. 이 시기 로댕과 끌로델의 작품은 육안으로 보기에도 서로가 너무 유사해 많은 비평가의 논란을 낳았다.

그러나 끌로델은 그들을 비웃기라도 하듯 〈사쿤탈라〉라는 작품을 내놓아 비평가들의 논란을 잠재웠다. 그녀는 신이라도 들린 듯이 뒤이어 〈왈츠〉를 완성했고 로댕의 재능과 기량을 뛰어넘은 것 같다는 찬사까지 받는다.

하지만 역설적이게도 끌로델의 기량이 정점에 달하자 그들의 사랑에 균열이 가기 시작한다. 로댕은 끌로델에게 영감을 얻으면서도 그녀의 재능을 두려워했

사쿤탈라(Sakuntala), 1905.

다. 비평가들은 언제나 로댕과 함께 끌로델의 이름을 언급했다. 끌로델 또한 로댕에게 집착하기 시작했다. 그의 모든 재능을 얻고 싶어 했고 로댕의 모든 것을 갖고 싶어 했다. 끌로델은 로댕에게 그의 아내를 버릴 것을 지시하였으나 로댕은 자신의 아내를 포기하지 못했고, 결국 이들의 사랑은 점점 파국으로 치닫는다.

끌로델은 〈중년〉이라는 작품을 만들어서 로댕과 그의 아내 로즈, 그리고 자신의 관계를 표현했다. 이 작품을 끝으로 그녀는 오랜 칩거 생활에 들어간다.

칩거생활을 통해 끌로델의 인생은 악몽처럼 뒤바뀐다. 그녀는 정신착란 증세를 일으켰으며 로댕에 대한 지독한 사랑이 그녀의 정신의 병을 깊어지게 만들었다. 로댕이 자신보다 로즈를 택했다는 사실 때문에 그녀의 재능은 빛을 잃어갔다. 알코올에 의존했으며 로댕의 환각을 보는 일이 잦아졌다. 종국에는 자신이 만든 작품을 자기 손으로 부숴버리는 광기로 표현되었다.

동생인 폴은 결국 정신병원에 그녀를 가뒀다. 가끔 동생이 찾아오는 것을 제외하면 그 누구도 끌로델의 병문안을 오지 않았다. 외롭고 쓸쓸한 말년을 보내던 끌로델은 1943년 긴 정신병원 수감을 마무리하며 영원히 눈을 감았다.

그녀의 작품은 많이 남아 있지 않다. 그녀가 정신병을 앓으며 자신의 손으로 자신의 작품을 거의 모두 파괴해버렸기 때문이다. 영화에서 묘사되는 한 장면이 뇌리에 남아 있다. 그토록 소중하게 여겼던 자신의 작품을 부숴버리는 그녀의 모습은 광기 그 자체였다. 평론가들은 훗날 그녀의 작품 〈왈츠〉에 대해 이렇게 논평했다.

"거칠게 표현한 치마폭에서는 슬픔과 걱정이 배어 나온다. 이것은 비극으로 향하는 여정임을 알면서도 식지 않는 사랑을 표현한 것이다. 서로의 재능과 매력을 사랑하지만, 경쟁자의 위치에서 나오는 애증과 질투가 파국을 불러오는 슬픈 사랑이다."

시대를 풍미한 천재 예술가 카이뮤 끌로델의 말로는 외로움을 넘어 절망적이기까지 했다. 그녀의 재능과 로댕을 향한 사랑은 그녀를 정점에 오르게 했지만, 나락으로도 이끌었다. 사랑하는 사람과 라이벌 사이에서 아슬아슬한 사랑의 줄타기를 그만두지 못했다. 둘 중 하나를 포기하는 것보다 그녀는 자신 혼자 앓는 정신병을 택해 세상과 자신을 분리했다.

끌로델의 인생에 있어서 30년이라는 긴 시간을 불행에 빠뜨린 것은 로댕의 탓일까. 아니면 그녀가 누구를 만나더라도 이런 파국을 초래하는 것이 운명이었을까.

그녀의 아픈 삶이 남긴 작품들을 사진으로나마 접할 수 있다는 데 감사함을 느낄 뿐이다.

지금 우리, 사랑의 모습

평론가들의 설명이 꼭 모든 정답은 아니라는 유명한 말이 있다.

예술의 관객은 비단 평론가에 국한되는 것이 아니며, 다양한 관객에게 해석될 여지가 충분하기 때문이다. 평론가들은 관객이 무언가 느낀 마음의 감동을 글로 표현할 뿐이다. 천재들의 작품이 주목받는 이유는 특히나 주체할 수 없는 무언가가 있기 때문이다. 주체할 수 없는 감정을 표현해낼 때 관객들은 깊이 감동한다. 마치 우리가 경험한 사랑을 작품에 투영시킨 것처럼 느낀다.

사랑과 예술은 정답이 없는 것이고, 다양한 관점에서 해석할 수 있다는 점에서 닮았다.

천재와 예술가라고 일반인과 다른 것은 없다. 우리는 때로 감당할 수 없는 감수성에 잠식당하기도 하고 스스로 만들어놓은 울타리 안에서 괴로워하며 절규하기도 한다. 사랑에 충실하여 소소한 것에도 기뻐하고 슬퍼하는 모습은 천재와 예술가도 피해가지 못한다.

우리가 받은 감성은 사랑으로, 예술로 표현된다. 감성은 하늘이 준 선물이자 불행을 초래하는 위험한 것이기도 하다.

우리는 수많은 천재의 삶을 직, 간접적으로 접하며 공통점을 발견할 수 있다. 그들은 본인조차 감당하기 힘든 감수성의 소유자라는 것이다. 과거 위인들과 천재들의 감정은 우리와 크게 다를 것이 없다. 한 시대를 풍미했을지언정 그들도 사랑 앞에는 나약한 한 명의 인간이었다. 맹목적인 사랑, 광기에의 집착, 파국과 순정을 통해 한없이 작아졌고 주체할 수 없는 사랑을 매개로 파멸로 향했다.

사랑은 아름다운 것인가, 아니면 우리를 파멸로 이끄는 위험한 것인가?
위인들의 삶과 그들의 행보를 통해 힌트를 얻을 수 있을지도 모르겠다.

03
뒤틀린 애정도 애정인가?

📝 사랑은 모든 '관계'에서 존재한다.

앞서 '연인관계'에서 나타나는 사랑의 다양한 예시를 소개했다. 그러나 사랑은 다양한 관계에서 나타난다. 그것은 어린 자식과 부모의 관계에서도 나타나고 친구 사이에서도 나타난다. 스승과 제자는 물론 동물과 교감하는 사랑의 형태도 존재한다.

우리는 연인관계를 제외한 사랑을 표현할 때, 그것을 사랑이라고 부르기보다는 다른 단어로 치환하여 표현한다. 부모와 자식 간의 '애정', 친구 사이의

'우정', 스승님을 향한 '존경' 등 사랑이라는 글자를 다른 단어로 바꾸어 표현하는 데 더 익숙하다. 하지만 모든 단어를 '사랑'으로 바꾸어도 해석에 큰 불편함이 없다. 이 모두가 사랑과 비슷한 감정이기 때문이다.

부모와 자식, 스승과 제자

자식을 둔 부모의 마음은 모두 똑같다. 전 세대, 즉 지금 40~50대들의 부모들은 격정적인 산업의 발전을 이룩하는 과도기를 경험한 세대다. 전쟁을 경험했었고, 공부를 제대로 하지 못한 것은 물론, 그저 하루하루 끼니를 때우는 것이 가장 큰 걱정거리였다. 이러한 환경에서 성장한 지금의 부모들은 '내 자식만큼은 나처럼 살게 하지 않겠다.'라는 다소 비장하면서도 위험한 생각에 쉽게 빠지기 마련이다.

외국의 부모와 한국 부모의 가장 큰 차이점은 자식을 대하는 태도이다. 외국은 '하나의 독립된 인격체가 자신에게 온 것'에 감사하지만, 한국의 부모는 '내 자식이 나에게 온 것'에 감사한다. 아이가 나에게 종속된 인격이라는 생각이 심어져 있는 것이다. 그러므로 서로 다른 사고를 가진 부모가 자식을 양육하는 과정에 있어서는 많은 차이점이 있을 수밖에 없다.

자신의 아이를 소중히 여기지 않는 부모는 한국에서 특히 더 모진 시선을 받는다. 천륜을 저버린 사람이라며 손가락질받고 비난받는다. 이것은 부모에게 효와 사랑을 다 하지 않는 자식에게도 해당하는 이야기다. 유독 한국에서 부모와 자식의 관계는 종속적이며, 분리할 수 없는 무언가로 굳게 맺어져 있다.

그것을 사랑이라 말할 수 있을까?

사실 사랑은 독립된 관계보다 종속된 관계에서 더 잘 피어난다. 자식을 품 안에서 꺼내지 않는 '캥거루 맘', 헬리콥터처럼 자식의 주위를 항상 맴도는 '헬리콥터 부모' 등이 그 예시다. 그들은 '뒤틀린 사랑'으로 자식을 과보호하며 그것이 자신이 줄 수 있는 최고의 애정이라고 생각한다.

얼핏 들으면 숨이 막히고, 선진화된 부모의 모습이 아니라며 부정하는 이들도 있다. 그러나 그들이 자식을 사랑하지 않는 것은 아니다. 과잉보호와 자식에게 보내는 종교와도 같은 맹목적인 믿음은 오직 사랑에서 비롯된 것이기 때문이다. 자식을 너무나 사랑하기 때문에 나처럼 고생하며 사는 것을 원하지 않을 것이다. 비록 그 과정에서 억압과 집착, 자녀의 개성을 등한시하는 여러 문제점이 나타난다고 하더라도 말이다.

부모와 자식 간의 뒤틀린 사랑은 우리에게 많은 생각거리를 던져준다.

한 부모가 자식을 낳았다. 다른 부모가 그렇듯 아이를 사랑으로 길렀다. 아이가 유치원에 입학할 무렵, 다른 부모들은 그 부모의 사랑이 너무 과하다고 생각했다. 한참 뛰어놀아야 할 나이에 다른 아이들과 어울려 놀지 못했기 때문이다. 아이가 온종일 놀 수 있는 시간은 딱 10분. 그것도 부모의 통제 아래 이루어졌다. 위험한 놀이터는 근처에도 가지 못했고 아이들과 소꿉장난하는 것은 꿈도 꾸지 못했다.

부모는 대신 아이에게 책과 동화를 보여주었다. 다른 아이들과 교감하기보다는 아이가 방 안에서 혼자 공부하는 시간을 보내는 것을 원했다. 아이는 자연스럽게 다른 아이들과 멀어지기 시작했다. 종국에는 소외되어 혼자 책을 읽거나 생각하는 시간이 많아졌다. 보다 못한 다른 부모들이 그 부모를 찾아갔다. 아이가 소중한 건 알지만, 너무 과하게 보호하고 있는 것이 아니냐며 조심스럽게 물었다. 그러나 그 부모의 입에서 전혀 엉뚱한 답변이 나왔다.

"내 아이는 노는 것보다 공부를 더 잘해요."

모두 말을 잇지 못했다. 부모는 처음부터 아이를 통제하려는 마음을 갖고 있었다. 결코, 일반적인 양육이라 말할 수 없었다. 아직 받아들이지 못하는 지식에 부모와 아이 모두 괴로웠다. 가벼운 실수에도 혼나기 일쑤였다. 아이는 점점 자랐고, 부모의 통제와 애착은 더 깊어져 갔다.

아이가 20살이 되어서도 애착은 끝나지 않았다. 부모가 정해준 좋은 대학에 입학했다. 아이는 자라면서 주위에 있는 친구가 부러워졌다. 아무런 간섭도 받지 않고 자신의 인생을 결정하는 자유를 갈망했다. 그러나 부모는 아이를

놓아주지 않았다. 아이가 기어들어 가는 목소리로 의견을 낼 때마다 거절하며 다 널 사랑하기 때문이라는 대답을 했다.

그런 뒤틀린 가정에 강도가 침입했다. 부모는 아이를 지키기 위해 필사적으로 싸웠다. 아이는 지켰지만, 부모는 모두 목숨을 잃었다. 뉴스에는 자식을 지킨 아름다운 사랑과 같은 기사로 도배되었다. 자식을 향한 광기 어린 집착과 애정은 전혀 엉뚱한 결말로 치달은 것이다.

우리는 과연 이것을 사랑이라 부를 수 있을 것인가.

예시는 다르지만, 스승과 제자의 경우도 있다.

'사랑의 매'라는 말은 우리에게 익숙하다. 그것은 스승이 제자에게 가하는 체벌이자 일종의 사랑, 심지어는 경건한 의식으로 통용되기도 한다. 오죽하면 위인이 된 제자가 스승을 찾아가 '그때 맞은 사랑의 매가 없었더라면 저는 이 자리에 없었을 것입니다.'라며 사랑의 매를 극찬하기도 하지 않는가.

그러나 사랑의 매에 담긴 것이 사랑일까? 매에 사랑이 있다 한들, 때리는 사람이 사랑이라 한들 맞는 이가 폭력으로 느끼면 그저 폭력일 뿐이다. 궤는 다르지만 스토커의 사랑, 연인/배우자가 있는 상대를 향한 사랑, 받을 준비가 되지 않았거나 받고 싶지 않은 상대를 위한 사랑도 고찰해볼 만한 감정이다.

스승이 제자에게 드는 사랑의 매는 일반적으로 두 가지 관점에서 설명이 가능하다. 첫째는 제자가 엇나가지 않도록 스승이 응당 해야 할 애정의 표현이자 가르침의 방식이라는 것이고, 둘째는 본인보다 어리고 약한 – 나이도 계급도 – 사람을 대상으로 한 폭력행위라는 것이다. 주로 찬성하는 쪽은 전자, 반대하는 쪽은 후자지만 그 안을 들여다보면 다양한 면면들이 상충한다. 매는 사랑의 일환이면서 스승이 제자를, 가르치는 이가 가르침받는 이를 정당하게 제압하고 권위를 보일 수 있는 '무기로서의 애정'이기도 하기 때문이다.

로맨스와 불륜

남들이 보기엔 결점이라곤 없는 가정이 있다. 하지만 그 실상은 부부관계가 없는, 일명 '섹스리스'인 부부. 40대에 늦둥이를 낳다가 뜻밖의 커다란 수술을 하게 되었고 결국 여성성을 잃어 관계가 불가능해진 아내, 그리하여 다른 여성과 성욕을 해결하고 들어오는 남편.

이 가정에 대해 여러분은 어떻게 생각하는가?

윤리적 관점에서는 정당화될 수 없는 불륜이다. 조금 더 로맨틱한 관점에서 보면 삼각관계다. 실용적이며 현실적인 관점에서 보면 가정을 지키기 위한 선택이다. 해당 남편에겐 성생활이 중요하고, 아이를 위해서도 아내와 이혼을 할 수는 없으며, 따라서 가정을 유지하려면 어쩔 수 없이 범하는 간통인 것이다. 과연 이 남편이 한 것은 정당한 선택인가, 아니면 변명할 여지 없는 외도인가.

조금 더 내밀하게 들여다보자. 극적인 상황이 아니라, 충분히 좋은 부부 사이를 유지하면서도 새로운 상대에 대한 호기심과 매력 때문에 외도를 하는 사람들도 많다. 기실 대부분의 불륜 및 바람은 이러한 이유로 이루어질 것이다. 애당초 결혼이란 농경사회의 매매혼에서부터 내려온 관습이며, 그리하여 현대에 와서는 구시대적인 모델인 것도 사실이다. 애초 인간의 구조란 한 사람만 평생을 바라보게 되어 있지 않다. 뇌에서 분비되는 각종 물질들은 익숙한 상대보다 낯선 상대에게 더욱 강렬하게 반응한다. 그래서 우리는 평생 동안 의리와 윤리, 정당성이라는 이름으로 본능과 욕구를 억누르며 살아가게 되는 것이다.

임자가 있는 상대를 향한 사랑은 어떨까. 여기 아내를 학대해 온 남편이 있다. 남편이 40살 때 20살이던 아내를 만나, 나이를 속이고 임신시켜 결혼한 뒤 아이를 낳게 했다. 그로부터 10년이 지나 남편은 50살, 아내는 30살, 아이 때문에 살고는 있지만 남편을 향한 아내의 마음엔 미움뿐이다.

이런 아내(혹은 남녀가 뒤바뀐 상황이라고 할 때)를 사랑한다면, 그래서 몰래 교제를 이어간다면 그것은 사랑일까? 아니면 폐지된 간통죄를 틈타 상간죄를 범하지 않도록 아슬아슬하게 줄타기나 하며 본인의 욕망을 채우는, 한 가정에 풍파를 가져오는 도의적 범죄에 불과한 것일까?

마지막 예시로는 일방통행인 사랑을 들고 싶다. '열 번 찍어 안 넘어가는 나무 없다'는 속담을 들어 본 적이 있을 것이다. 격언으로는 그럴싸하지만 현실로 옮긴다면 어떻게 될까. 평범한 대학생 여성이 남성에게 고백을 했지만 받아 주지 않았고, 그 후 졸졸 따라다니면서 아홉 번을 더 고백했다면? 여성 스토커도 충분히 해악스럽지만 남녀가 바뀐다면 그 위험도는 더더욱 높아진다. 상대에게 구애할 자유는 누구에게나 있지만, 그것도 상대가 거부 의사를 밝히기 전까지다.

사랑의 매, 일방적인 사랑, 도덕적으로 옳지 않은 사랑, 이 모두가 현대 사회에서는 뒤틀린 애정에 속한다. 인간은 집단을 이루고 서로에게 결속된다. 그렇기에 지켜야 할 윤리와 도덕, 현행법상의 규칙 역시 존재한다. 그렇기에 21세기, 우리는 뒤틀린 또는 뒤틀리지 않은 사랑에 대한 담론을 끊임없이 주고받을 필요가 있다.

친구 혹은 동성과의 사랑

우정이란 애정이나 호감이 관련된 친밀한 사람과의 관계를 뜻한다. 인간의 감정은 흑과 백처럼 명확하게 정의할 수 없다. 우정과 사랑도 마찬가지다. 그러나 우리는 사랑과 우정의 차이점을 쉽게 설명하려 한다.

끓어오르는 그리움의 유무로 구분할 수 있고 성적 관계를 맺을 수 있느냐 없느냐로 정의하기도 한다. 그러나 동성 간에도 어느 정도의 신체 접촉은 흔한 일이다. 남자의 경우 주먹을 맞대며 어깨동무를 하고 여성의 경우 팔짱을 끼는 것과 같이 좀 더 긴밀한 접촉을 한다. 단순히 신체 접촉을 할 수 있는가? 라는 질문으로 우정과 사랑을 판단하는 것은 섣부른 시각이다.

좀 더 깊게 들어가자면, 사실 우정은 사랑과 비슷한 감정이다. '남녀 사이에 친구는 없다.'라는 격언도 그 예시일 것이다. 우정에서 좀 더 들어가면 사랑에 도달하기 마련이다. 아직 가슴 뛰는 설렘이 없어서 그렇지 상대방과 함께 있을 때 즐겁고 나아가 상대방을 위한 희생할 수 있다는 것은 사랑과도 비슷한 성질이다.

❖ 우정과 사랑의 차이점

우정과 사랑의 가장 큰 차이점은 '유지 기간'일 것이다. 자칫 애착과 집착으로 쉽게 끝날 수 있는 사랑에 비해 우정은 그 수명이 길다. 연락하지 않은 기간이 오래되고, 언제 만났었는지 기억이 나지 않는 친구와도 함께 밥을 먹을 수 있다. 모두 초등학교 동창과 거리낌 없이 이야기를 나누고 반가워한 경험이 있을 것이다. 사랑은 그 사랑을 유지하기 위해 끊임없이 노력하지 않으면 소멸하지만, 우정은 그렇지 않다.

우정에 소모해야 하는 노력이 사랑보다 덜하다. 제대로 관리하지 않아도 넉넉한 유지 기간을 자랑한다. 이 장점이 우정에서 사랑으로 넘어가는 것을 억제한다. 만일 이것이 동성 사이의 문제라면 더욱 힘들 것이다.

뜻을 함께한다는 것은 사랑과 우정 모든 감정에 통용되는 말이다. 그만큼 그 두 가지를 구분하는 기준이 모호하다. 사실 사랑과 결혼은 모두 사회에서 구분한 명제다. 그것은 진정 우리 마음에서 일어난 감정이 아니다.

사실 사랑과 우정에 대한 모호한 감정의 교류는 꽤 오래전부터 나타났다.

"여자와의 사랑은 번식이라는 본능에서 나오는 불순한 사랑이다. 이 때문에 번식할 수 없는 소년과의 사랑이야말로 본능이 가미되지 않은 순수하고 진정한 사랑이다."

저명한 철학자 플라톤까지 이렇게 언급할 정도였으니, 당시 시대상이 어땠는지 짐작할 수 있다. 고대 그리스에서 동성과의 사랑은 사회 곳곳에서 환영받았다. 서양뿐만 아니라 동양에서도 소년들을 제자로 삼아 감정의 교류를 나누는 것은 물론, 술 시중을 여성이 아닌 남성이 들게 하여 그것을 하나의 유희로 삼았다.

이러한 모습을 통해 사랑과 우정의 기준이 이미 예전부터 모호했다는 사실을 알 수 있다. 보수적인 과거의 현인들은 우정과 사랑을 명확히 나눌 것이라는 우리의 생각이 완전히 빗나간 것이다.

다시 한번 우정이 사랑으로 변할 수 있는가에 대한 답변을 찾아보자. 그것은 당사자를 제외하면 아무도 대답할 수 없다. 현재 그 둘의 우정이 아름답고 굳건하다 한들 그것이 사랑으로 발전하는 것을 막을 수 없다. 그것은 언제든지 사랑으로 변모할 수 있고 오직 당사자의 선택에 따라 변화할 것이다. 동성인 경우도 마찬가지다. 사회적 인식이 커다란 걸림돌이 되겠지만, 흐르는 시간과 깊어지는 감정의 교류 앞에 결국 관계의 진전은 이루어질 것이다.

사랑의 또 다른 모습 중 하나는 강인하다는 것이다. 연인을 위해 목숨을 바친 설화들을 떠올려보면 이해하기 쉬우리라. 사랑은 단 한 순간의 실수로 관계의 종말에 가까워질 수도 있지만, 나이, 국경, 직업, 우정을 뛰어넘을 만큼 강한 힘을 갖고 있기도 하다.

그렇구나 혹은 그러려니

사랑은 그 다양한 형태만큼이나 다양한 관계 속에서 발현된다. 그것을 사랑이라 부르기 두려워 우리는 다른 단어를 택한다. 그러나 넓은 관점에서 본다면 그 모든 것은 사랑과 닮았다. 나아가 그것을 사랑이라 부를 수 있는 이해심이 요구될 것이다.

인간이 평생 동안 겪는 사랑을 철학자들은 이렇게 분류했다.

"인간은 에로스에 의해 태어나고 스토르게에 의해 양육 받으며, 필리아에 의해 다듬어지고, 아가페에 의해서 완성된다."

우리가 쉽게 짐작할 수 있듯이 에로스는 큐피드라고 불리는 정욕과 사랑의 신이다. 그것은 성적 본능이며 우주 전체의 생명력에 비유되기도 한다. 성적 행위가 모든 생명체의 번식 과정이기 때문이다.

스토르게란, 앞서 부모의 사랑을 언급했던 것처럼 혈연적 사랑을 뜻한다. 천륜의 사랑은 끊어낼 수 없기에 사랑 중 가장 으뜸이라 칭하기도 한다. 또한, 스토르게는 애정의 고갈이 일어날 수 없다는 것을 전제한다. 사랑하는 연인이 장애인이 되면 마음 한구석에서는 그 연인과 멀어지고 싶어 하는 충동이 들지만, 부모나 자식이 장애를 갖게 되면 그 사랑은 더욱더 깊어진다.

필리아란 비정상적인 이상 성욕을 뜻하기도 하지만, 철학적으로는 무언가를 사랑할 때 나타나는 행위와 증상을 뜻한다. 순수한 마음으로 쌍방의 마음을 이해하고 그러한 상태를 상대방도 인식하고 서로 호의적인 교환이 일어나는 것이 필리아의 개념이다. 사랑의 본래의 성품을 강조하는 필리아는 친구 간의 우정, 사랑, 정으로 비유되기도 한다.

아가페적 사랑은 우리에게 너무도 유명하다. 아가페는 고대에 사랑을 뜻하던 낱말 중 하나다. 아가페 이외의 사랑은 존재하지 않으며 사랑의 다양한 형태 중 가장 거룩하고 신성한 사랑을 나타낸다. 플라톤은 아가페를 이데아에 대한 동경으로서의 사랑으로 언급하기도 했다. 아가페 앞에서 에로스와 필리아는 무의미해진다. 그것은 서로의 육욕을 초월하면서 쌍방에서 이루어지는 일반적인 사랑이 아니다.

이 네 가지 사랑의 형태는 철학자들이 수많은 사랑 중 대표적인 것들을 정리해놓은 것이다. 말하자면 다양한 형태의 사랑이 있다는 개념을 정립하기 위한 교과서 같은 것이다. 하지만 우리가 사는 세상은 교과서처럼 정답이 정해져 있지 않다.

유희적인 사랑을 의미하는 '루두스', 서로에 대한 사랑이 성숙한 부부 사이에서 만들어지는 것이라는 '프라그마', 심지어는 자기애를 의미하는 '필라우티아'까지 사랑의 범주에 포함되는 것이 놀랍다. 다양한 색의 배합을 통해 무한에 가까운 색채를 표현하는 것처럼 사랑의 방향과 방식, 형태는 무궁무진하다. 제아무리 연애 경험이 많은 사람이라 해도 그가 경험한 사랑이 그가 경험할 사랑보다 부족할 것이다.

사랑은 일종의 소설과 같다. 이상형을 만나 완벽한 사랑을 받는 것은 오직 내 머릿속에서 일어나는 상상일 뿐이다. 현실은 정반대다. 이상형보다 모자란 사람을 만나 연민과 동정으로 그를 채워주며 사랑을 이룬다. 내 욕심을 채우는 것보다 상대방에게 사랑을 베푼다는 것. 결핍과 모자람이 오히려 사랑을 깊어지게 만들 수도 있다는 사실을 깨닫는다.

사랑의 다양한 모습을 유쾌한 문장으로 풀어낸 밀란 쿤데라의 〈참을 수 없는 존재의 가벼움〉 중 일부를 발췌한다.

"사랑의 변형은 다양하다. 정으로 불릴 수도, 동정으로 불릴 수도 있다. 이별의 상황에 다다른 남녀는 서로의 이별 후 모습을 마음껏 상상한다. 상대방은 내가 슬퍼하는 것만큼 슬퍼하고 있을 것이다. 내 슬픔이 깊을수록, 추억이 강할수록 서로에 대한 상상력은 비대해져 간다. 이때 서로는 동정심을 느낀다. 나도 이렇게 아픈데 너도 이렇게 아플까? 슬픈 얼굴을 하고 있을까? 밥은 제 끼니에 먹을까? 상대방을 혼자 집을 보는 미취학 아동만도 못하게 상상하고 동정한다. 그 순간 사랑의 감정은 다시금 불타오른다. 하지만 동정은 상대방이 눈앞에 없을 때만 작용한다. 눈앞에 선 멀쩡한 상대를 보았을 때 동정은 의문으로 천천히 식어가고 이따금 사랑은 변질되어 서로를 빗겨난다."

우리가 경험하는 사랑은 새의 깃털처럼 가벼울 수도, 그 무게가 무거울 수도 있다. 사소한 인연으로 시작된 사랑이 시간이 지남에 따라 변화하는 경험은 그 언제라도 새롭다. 우리는 사랑을 쉽게 정의하고 싶어 한다. 상대방은 나에게 맹목적이며, 희생하고 온종일 나만 생각해야 한다는 상념에 사로잡힌다.

하지만 나와 상대방만 할 수 있는 사랑이 있다. 수없이 많은 통속극이 매번

새롭게 느껴지는 것도 이러한 까닭이다. 익숙지 않은 사랑의 형태도 이해하고 받아들일 줄 알아야 한다. 만일 그것이 힘들다면 그러지 않아도 괜찮다. 언젠가 내가 경험할 나의 사랑 앞에 변화할 수 있으리라.

 사랑의 다양한 형태를 이해하기 시작할 때 우리 앞에 새로운 삶의 장이 열린다.

밀란 쿤데라 (Milan Kundera)

사랑하니 삶이 되고, 삶이 있어 사람이다

첫사랑을 성숙한 사랑이라 부르지 않는다.
첫사랑이란 풋풋한 것이며 아쉬움과 미련이 남지만, 잊히지 않는 추억으로 묘사된다.

다시는 사랑 같은 걸 하지 않는다는 다짐 후에도 몇 번인가 사랑을 만났다. 그때마다 미성숙한 열정과 욕망 같은 것으로 실패한 적이 많았다. 작은 불씨를 크게 만드는 법을 몰랐다. 그런데도 어느 순간 누군가를 사랑하고 있었고, 또 후회하고 있었다. 그래도 사랑하는 것을 그만둘 수 없었다.
사랑하니 삶이 되었고 한 사람으로서 담담히 삶 속으로 걸어 들어갔다. 사랑은 주위에서 쉽게 접할 수 있는 성질의 것이라 오해하고 있었다. 삶을 이해하는 만큼이나 어려운 것이 사랑이었다는 사실을.
사막에서 방향을 찾는 것이 '삶'이라면 멀리서 들려오는 말발굽 소리를 듣는 것은 '사랑'이다. 그것은 눈에 보이지 않지만 어디서든 내 주위를 맴돈다. 한없이 가까워지는가 싶더니 멀어지고 그 형체를 보여주지 않는 날도 많았다. 그러나 그것은 나의 가슴을 뛰게 만들며 사막에서 빠져나가는 험난한 길의 동반자가 되어주었다.

인디언들은 농담의 귀재다. 그들은 인간의 타고난 성품을 이름으로 만든다. 그들에게 삶과 시간, 이름 그리고 사랑은 이미지다. 몇 시냐는 물음에 해가 나무 위에 걸려있다는 명쾌한 답변을 할 줄 아는 종족이다. 사랑하는 사람을 앞에 두고 나는 왜 네가 아니고 나인가! 라며 슬픈 농담을 던질 줄 아는 재능을 가졌다. 그들은 사막의 한가운데 지칠 때면 가만히 몸을 눕혀 대지로부터 말발굽 소리를 듣는다.

그것은 메아리처럼 우리의 마음을 휘두른다. 전에 없던 시각을 이미지화한다.

살아가다 보면 방향을 잃고 지칠 때도 많다. 그것은 사랑도 마찬가지다. 모르는 것에 대해 고뇌하고 억지로 이해하려 들어 우리네 생애는 피로하다. 가만히 앉아 귀 기울여보는 것. 존재하지 않는 발걸음을 듣고 그것이 주위에 머물면 머무는 대로, 형체가 보이지 않으면 보이지 않는 대로 받아들이는 인디언의 자세가 필요하다.

아아아 외치는 메아리보다 가까운 소리가 우리 곁에 있다. 이해할지 말지는 온전한 우리의 선택이리라.

2장

가치의 양면성

저마다 가치관이 다르다

시대가 급변하며 행복에 관한 관심이 높아지고 있다. 다양한 행복의 방법이 제시되고 있으며, 그 수는 무궁무진하다. 특별한 취미와 행복을 추구한다고 비난의 눈길을 보내는 사람도 줄어들었다. 그만큼 다양한 가치관이 존중되고 있는 시대에 살고 있는 듯하다. 그러나 아직도 비난이 두려워 개인의 가치관을 숨기는 사람을 흔히 찾아볼 수 있다. 제도화된 사회에 순응하면서 내면의 욕구를 드러내는 것을 꺼리는 것이다.

결혼 생활을 거부하는 이도 존재한다. 심리적 문제와 경제적 문제, 이혼 등과 같은 사유로 결혼에 대해 부정적으로 생각하는 것이다. 심지어 아예 혼인 제도 자체를 부정하는 사람도 존재하리라. 반대로 결혼하여 가정을 꾸리는 것을 최대의 행복이라고 생각하는 사람도 있다.

평이하고 획일적인 가치관을 따라야만 했던 시절이 있었다. 그것은 곧 성공한 사람과 성공하지 못한 사람을 나누는 기준이 되었다. 그러나 획일화된 가치관만을 중요시 여긴 사람은 그 생애의 끝자락에서 필연적인 후회를 겪는다.

남을 위해 살아가는 인생은 죽어 있는 삶이다. 나의 행복과 성공은 오직 나의 기준에서 이루어져야 할 것이다. 평안감사도 저 싫으면 그만이라 했던가. 우리의 가치관을 좀 더 솔직하게 대할 때 행복이 찾아오기도 한다.

구원과 행복은 낙원에만 존재하지 않는다. 고고하고 깨끗한 것만이 언제나 능사는 아니며 때로는 미시적이고 물질적인 사소한 것에서 발견하기도 한다. 내 인생의 1순위는 무엇일까. 생각해보는 계기가 되었으면 한다.

01
내 삶의 1순위를 찾아서

✎ 삶의 1순위는 다양할 수 있다

사람마다 중요하게 생각하는 것은 다르다. 나는 삶에서 무엇을 가장 중요하게 생각하는가?

'타이타닉호 테스트'를 통해 내가 삶에서 가장 중요하게 생각하는 것들의 우위를 가려보자. 정답은 존재하지 않으니 부디 가벼운 마음으로 참여해주길 바란다.

당신은 타이타닉호의 선장이다.

배 안에는 승객 45명이 탑승하고 있다. 북태평양 바다 한가운데를 항해하는 당신은 칠흑 같은 어둠과 빙산을 마주친다. 빙산에 배가 부딪쳐 그만 침몰하기 시작한다. 승객은 당황했고 배 안에는 5인승 구명정이 한 대 있다. 당신은 5명의 승객만을 골라 탈출시켜야 한다. 승객의 명단을 공개한다.

모험과 도전	균형	아름다움	열정	용기
지식	믿음	문화	감성과 계발	안정감
정신적 성장	시간의 자유	감사	정직	유머
관용	창의성	성실성	리더쉽	재미
다양성	가족	신실함	인내심	프로정신
존경	책임	사랑	팀워크	자아실현
마음의 평화	목표	가르침	자존감	재능
효율성	성취감	긍정성	금전적 자유	탁월성

이것은 인생에서 중요하다고 생각하는 가치들이다. 내가 승객을 더 추가해도 무방하다. 배 안의 승객을 모두 살릴 방법은 없다. 이제 다섯 명의 승객을 자

신이 선택해야 한다.

　승객을 고르는 것은 자유다. 이 테스트에는 정답도 이상적인 답안도 존재하지 않는다. 오로지 '솔직함'이 강조된다. 나에게 이것이 왜 중요한지 질문하고 선택해보자. 비난하는 이는 없으니 내가 정말 중요하게 생각하는 승객을 정해 구명정에 옮겨보자.

　구명정에 다섯 명의 승객을 실었다면, 그 승객을 다시 세 명으로 추려야 한다. 여기까지 진행하고 내가 왜 이 세 명의 승객을 마지막까지 구출하려고 시도했는지 생각하는 시간을 가져보자.

✎ '돈'이 1순위인 사람의 이야기

금전을 제1의 가치로 생각하는 사람은 쉽게 비난받는다. 동서양의 동화에서도 돈을 좇는 사람은 으레 악인으로 묘사된다. 그러나 정말 돈이라는 가치를 추구하는 것이 비난받을 일인 것인가. 만일 그렇다면 왜 비난받아야 하는가.

더 많은 물건을 사고 더 좋은 물건을 사려는 욕망은 인간의 기본적인 욕구다. 그것을 '과시욕'이라고 부르는 사람도 있고, '자기만족'이라고 부르는 사람도 있다. 그러나 기본적으로 물건을 사는 데 필요한 것은 재화, 즉 돈이다.

소개받은 사람이 문득 자신을 구두쇠라고 표현한다면, 우리는 어떤 느낌이 들 것인가. 아마 그리 고운 시선을 보내지는 않을 것이다. 이것은 많은 매체에서 구두쇠에게 부정적인 프레임을 부여한 결과인데, 우리는 그들이 금전적으로 성공했을지는 몰라도, 강압적인 태도와 거친 성격을 가진 탐욕스러운 사람이라고 생각한다. 그러나 반대로 생각하면 구두쇠는 그 모진 시선과 인간관계를 포기하면서까지 자신의 신념을 지키는 모습 또한 갖고 있다.

〈크리스마스 캐롤〉에 나오는 스크루지는 구두쇠의 대표적인 인물이다. 그는 어린 시절 불우한 가정환경에서 자랐다. 교우들과 사이가 좋지 못했고, 따돌림당하기 일쑤였다. 그는 유년 시절부터 청년, 중년 시기까지 사람들에게 외면당하고 그들과 어울리지 못했다. 자신에게 다가오는 차가운 시선과 무관심이 무서워 본인 스스로 세상을 향한 경계를 세운 것이다. 두려움을 극복하기 위해 욕망을 형성해냈고 그것이 돈에 대한 집착이었다.

　그는 아내와 가족에게도 냉담한 반응을 보이는 것으로 묘사된다. 일에만 몰두하고 돈밖에 모르는 사람이라며 가족들에게도 비난받는다. 이것은 그가 일하며 돈을 벌 때만큼은 자신의 트라우마가 감소하고 내면의 공포심이 극복되는 감정을 느꼈기 때문이었다. 가난한 가정환경에 대한 무의식적인 공포를 느꼈으리라.

　정리하자면 스크루지에게 돈과 물질에 대한 집착은 가난과 상처를 극복하기 위한 그만의 방법이었다. 그는 인간관계에서 끊임없는 불화를 일으키는 것에 무감각했지만, 그것은 그에게 중요하지 않았을 수도 있다. 스크루지는 '돈'을 좋아했던 것이 아닌, 자신의 과거를 극복하기 위해 세상과 경계를 쌓은 사람일 수도 있었다.

　물론 동화적 허용으로 인해 스크루지는 무심한 자신의 문제점을 자각하고 변화해 위대한 사업가가 되는 결말을 맞는다.

　'나 하나로 살아가는 것이 아니라 공동체 정신을 기반으로 다양한 관계를 맺으며 살아야 한다'라는 교훈이 구두쇠 이야기의 가장 큰 특징이다. 이상적인 교훈이 분명하지만, 이것이 단 하나뿐인 정답은 아닐 것이다.

영국의 소설가이자 사상가인 새뮤엘 버틀러는 돈에 대해 이렇게 말했다.

"돈에 관한 탐욕은 모든 악의 근원이다. 그러나 돈의 결핍도 마찬가지다."

굶어 죽기 일보 직전인 사람에게 청렴은 무의미한 가치이며, 다양한 관계를 맺어야 한다는 교훈은 뜬구름 잡는 소리일 것이다. 아이러니하게도 기본적인 생활을 영위할 수 있는 금전적인 능력이 있을 때 다른 사람과 관계를 맺는 것도 쉬울 것이고 청렴한 삶 또한 지향할 수 있을 것이다.

✏️ '시간적 자유'가 1순위인 사람의 이야기

자유 "무엇에 얽매이지 않고 자기 마음대로 행동하는 일, 또는 그러한 상태."
시간 "어떤 시각에서 어떤 시각까지의 사이."

자유는 시간에서 비롯된다. 일에 얽매여 하루의 절반을 소비하는 직장인이 매너리즘에 쉽게 빠지는 이유다. 애석하게도 인간이라는 생물은 24시간 중 8시간을 잠자리에 들어야 한다. 일하는 시간을 빼면 내 자유를 만끽할 시간이 부족하다. 그러므로 자유는 곧 시간이며, 시간이 곧 자유다.

부족한 현대인의 시간이 다양한 집단을 만들었다. '욜로족'과 '노머니족', '파이어족'이 대표적인 예시다. 그들은 자유를 진정으로 갈망하는 것에는 뜻을 같이하지만, 그 자유를 만끽하는 시기에는 차이점이 있다.

너의 인생은 한 번뿐이라는 것이 '욜로족'의 구호다. 그들에게 미래란 존재하지 않는다. 나의 미래는 한 치 앞도 모르는 것일 뿐, 내가 진정으로 자유를 만끽할 수 있는 시기는 바로 지금이라고 생각한다. 그들은 월급날 사고 싶었던 것을 고민하지 않고 구매한다. 여행을 가기 위해 연차도 시원하게 쓴다. 눈치가 좀 보이면 어떤가. 잘리면 다른 회사에 들어가면 그만이다. 그들은 직장 내 사회생활도 중요하게 생각하지 않는다. 회식보다 집에 들어가 나의 자유를 만끽하는 것이 가장 중요한 일이다. 그들에겐 노후에 대한 대비도, 승진과 직장에 대한 욕심도 존재하지 않는다.

'노머니족'은 현대판 자린고비다. 미래를 위해 불필요한 소비를 하지 않는다. 가끔 하는 외식과 맥주 한 잔도 그들에게는 사치다. 이렇다 할 취미를 갖지도 않는다. 취미도 소비의 일환이라 생각하는 듯하다. 그들의 월급 절반은 보험과 청약통장, 적금 등으로 빠져나간다. 당장에 쓸 돈보다 모아두는 것이 능사라고 생각한다. 나이가 지긋한 어른들이 좋아하는 집단이기도 하다. 그러나 친구들 사이에서는 밥 한 끼 사지 않는 인색한 사람으로 통한다.

'파이어족'은 '노머니족'과 비슷하지만, 더 극단적으로 소비를 절제한다. 극한까지 절제된 소비에 그들은 인간관계를 포기하기도 한다. 기본적인 의식주에서도 최소한의 소비만을 지향한다. 그렇게까지 아끼는 이유는 단 하나다. 30대에 은퇴하여 빨리 자유를 만끽하기 위해서다.

청년들의 다양한 생활양식이 기발하면서도 한편으로는 그만큼 사회가 더 힘들어진 것 같아 씁쓸하기도 하다. 시간과 자유에도 정답은 존재할 수 없으므로 무엇이 더 나은 것 같다는 의견은 무의미하다. 자유는 거의 모든 사람이 중요하게 생각하는 '상위 가치관'일 것이다. 그것을 추구하기 위해서 사람들은 어떤 방법을 선택할 것인가.

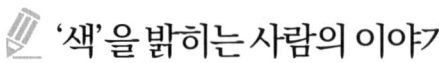 '색'을 밝히는 사람의 이야기

유교의 영향인지, 아직도 대한민국에서 성과 관련된 이야기를 부끄러워하고 그것을 배척하는 광경은 쉽게 찾아볼 수 있다. 그러나 성인이 된 인간은 성에 대해 자율적이고 능동적인 언행을 할 수 있는 자유가 있으며, 그것은 인간의 자연스러운 본능 중 하나다.

성에 대한 인식은 그 사회를 반영한다. 지금은 많이 발전된 사회에 살고 있지만, 아직도 원색적인 농담이 터부시되는 경향도 있다. 특히 성을 바라보는 시선은 환경의 영향을 지대하게 받는다. 긍정될 수 있는 환경이 있고, 부정될 수 있는 환경이 있다.

남자 다섯이 모이면 꼭 한 명은 색(色)을 밝힌다. 그들의 농담 중 절반은 외설적이고, 육체의 심미성을 강조한 예술작품에도 육체에만 집착한다. 이들에 대한 평가는 대개 이분적이다. 인기가 많거나 배척당하거나. 둘 중 하나이다.
그러나 색(色)을 밝히는 사람은 오히려 점잖은 사람보다 입체적일 수 있다.

누구나 우스갯소리를 좋아한다. 딱딱한 분위기를 환기하고 웃음을 통해 사람과 사람의 관계가 가까워지는 것은 모두가 아는 사실이다. 이러한 책무를 감당해야 하는 것이 그들의 몫이다. 농담으로 딱딱한 분위기를 풀고 모임의 결속을 다지는 분위기를 만들기도 한다.

그것은 솔직함과도 연결되어 있다. 대부분 사람은 비난받는 것을 두려워하여 욕망을 드러내지 않는다. 색(色)에 관한 것이라면 더욱 숨기려고 할 것이다. 그러나 자연스러운 본능과 욕구를 적당히 표현하지 못하는 사람은 그렇지 않은 사람보다 정신적으로는 건강치 못할 것이다.

철이 없는 놈이라고 치부하기 전에 그 사람의 내면을 들여다보는 여유도 가져보자. 그가 던지는 철없는 농담에도 웃어보고, 재밌는 놈이라며 칭찬도 몇 마디 던져보는 것도 그 사람의 가치관을 이해할 수 있는 좋은 방법이다.

'색(色)을 밝혀야 세상이 밝아진다.'

색(色)에 관심이 많은 여대생을 주인공으로 한 소설 〈사라의 일기〉로 징역형을 받은 마광수 교수는 생전에 "건전한 사회를 위해 성적인 욕망을 표현하고 해소할 줄 알아야 한다." 라는 의견을 밝혔다.

그의 주장처럼 쾌락은 모든 것의 근본이자 목표일 수도 있다. 식욕과 수면 욕구가 그러하듯이 성욕도 마찬가지다. 점잖은 것만이 능사는 아니다. 오히려 유미주의적 쾌락주의를 중요한 가치관으로 생각하는 이보다 솔직하지 못한 것일 수도 있을 것이다.

✏️ '성공'이 1순위인 사람의 이야기

성공은 그 종류가 너무도 다양해 무엇이 진정한 성공인가 하는 답을 내리기 어렵다. 위대한 사업가, CEO부터 시작해 소박한 내 가정을 꾸리는 것이 성공이라는 주장도 있다. 이처럼 성공은 무척 다양하지만, 그 과정에 있어 필연적으로 경쟁을 해야 한다는 이면도 있다. 각자 다른 성공으로 향하면서도 서로 부딪치며 경쟁하는 것이다.

❖ 성공은 언제나 긍정적인가?

나의 성공을 위해 타인과 경쟁하는 것은 불가피한 일이다. 성공을 인생의 1순위로 생각하는 사람은 그 경쟁에서 이기기 위해 타인의 성공을 깎아내리거나 부정적인 수단을 쓰는 예도 있다.

"당신의 운명을 지배하라. 그렇지 않으면 다른 사람이 지배할 것이다."

잭 웰치의 주장이다. 그의 말처럼 성공에 집착하는 이는 나의 운명을 지배하기 위해 성공이라는 지표를 만들고 그에 대해 집착을 하게 되는지도 모른다. 타인이 나의 운명을 지배한다는 공포감이 그의 가치관과 인생을 대하는 태도를 변화시키는 것이다.

성공과 가치관도 꼭 일맥상통하는 것은 아니다. 한 길로 우직하게 걸어가야만 성공으로 도달할 수 있다고 믿는 사람이 다양성을 존중하는 가치관을 가졌다면, 한 분야에 집중하지 못하고 이곳저곳 기웃거릴 것이다.

높은 학업 성취가 자신의 성공과 직결된 대학생은 어떤가. 자신의 성공을 위해 물불 가리지 않는다는 가치관을 형성하고 있을 수도 있다. 그것은 부정행위와 같은 비정상적인 방법을 사용할 계기가 될 것이다. 비난받을 일이기도 하고, 그가 성공으로 가기 위해 선택한 방법이기도 하다.

실제로 과거부터 현재까지 대학생의 시험 부정행위 경향이 긍정적으로 변화하고 있지 않다는 논문의 내용이 있다. 그들이 가진 성공의 기준은 각자 다르겠지만, 성공으로 향하는 과정에서 모두 큰 스트레스를 받는 것이다. 실패에 대한 두려움이 그들의 가치관을 변화시키고 그것을 성공으로 가는 수단으로 사용하며 합리화한다.

성공에 집착하다 보면 흔히 자신의 성공에 사로잡혀 타인의 성공을 깎아내리는 언행을 하기도 한다. 그러나 이는 커다란 실수로 모든 것은 '상대적'이라는 중요한 사실을 간과한 결과다. 누구나 부자가 되기를 꿈꾸지만, 그들의 추악한 면을 발견했던 사람은 그것을 성공이라 부르지 않을 수도 있다. 한 분야의 성공한 CEO가 되는 것은 보편적인 성공이지만, 글과 그림에 뜻이 있는 사람에게는 그렇지 않다. 오히려 권위 있는 공모전에서 수상하는 것이 그가 바라는 성공일 수 있다.

성공의 지표는 모두가 다르다. 내 성공이 비판받을 필요도, 상대방의 성공을 폄하할 필요도 없다. 내가 정말 바라는 성공은 무엇인가. 타인의 개입은 하나도 들어가지 않은 나의 성공은 과연 어떤 성질의 것인가.

02 세속적인 가치는 아름다울 수 없는가?

📝 살아가는 데 있어 중요한 요소들

세속적이고 통속적인 것을 무조건 비하할 수 있을까? 다른 사람이 나를 평가할 때 세속적이라는 말을 들으면 분노하지 않을 사람은 없다. 그러나 세속적인 생을 살아가지 않는 이는 없다. 우리는 후회와 푸념을 반복하면서도 세속적인 것들에서 벗어나지 못한다. 매일 같이 금연에 실패하고, 아무 목적 없이 살아가고, 돈을 원하고, 색을 밝히고, 남 자식보다 내 자식이 더 귀하고, 그렇게 마지못해 살아가는 인생을 겪는다.

인간은 세속적인 것에서 벗어나지 못해 한평생 세속적인 것을 부정하는 것인지도 모르겠다. 우리는 언제나 고매한 삶을 꿈꾼다. 남을 용서한다든가, 속세에 미련을 버리고 산으로 올라가는 것들이 그 예시다. 그러지 못하기 때문에 동경하는 이상한 심리 중 하나다.

이것을 이분법적으로 나누는 순간, 생애가 고통스러워진다. 세속적인 삶과 고매한 삶. 두 가지가 적절하게 결합하여 조화를 이루는 것이 혼란을 피할 방법이다. 세속적인 인생을 사는 이는 나는 왜 이런 삶을 사는가, 하며 자신을 비관할 것이다. 고매한 이도 마찬가지다. 언제나 세속적인 것들의 유혹을 견뎌내며 고통 받을 것이다. 두 가지는 결코 분리될 수 없는 것이다. 한쪽에 치우치는 것은 위험한 일이다.

고귀하고 고매한 것들에게만 목매는 것은 큰 착각이다. 그것을 동경할 순 있지만, 그것이 반드시 삶의 지침이 되어야 하는 것은 아니다. 수많은 저서를 남긴 위대한 철학가들도 자녀를 낳았다. 성관계를 맺었단 뜻이다. 술과 도박에 미쳤던 위인도, 밥 먹듯 불륜을 저질렀던 불멸의 천재도 존재한다. 과거와 현재 그리고 우리 삶 지천에 가득한 세속적인 것의 필요성을 깨달아야 한다.

그렇다면 세속적인 것을 추구하는 가치관은 어떤가. 아무리 세속적인 사람이라 한들 초월적인 삶에 대한 욕망이 있다. 그가 가진 가치관을 비난할 이유가 없다. 나와 다른 것이지 고매한 것을 향한 목표가 없는 것이 비난받아야 할 일은 아닐 것이다.

   같은 맥락에서 세속적인 가치가 1순위라 하더라도 그것을 흠결이라 주장하는 것은 성급한 착각이 될 것이다.

 터부시 되는 담론들

이중적인 태도는 저지르기 쉬운 논리적인 오류다. 이는 인간이 가진 여러 부정적인 측면의 산물이라고도 말할 수 있는데, 그만큼 사회 전역에 만연하며 세속적인 가치에 둘러싸여 있으면서도 고고한 삶을 추구하는 아이러니를 설명하는 데 쓰이기도 한다.

사회가 구두쇠에게 가하는 비판적 시각과 언행은 앞서 스크루지라는 인물을 통해 언급했다. 돈을 추구하는 구두쇠는 그 이유와 과정에 상관없이 비난을 받고 배척당한다.

이는 내가 가지지 못한 세속적인 가치. 즉, 금전을 타인이 소유하고 있다는 질투에서 비롯된 감정이기도 하다. 저 사람은 분명 부정한 방법을 써서 부를 축적했을 거라며 근거 없는 비난을 한다. 그렇게 타인을 취급하며 마음의 안정을 찾는다. 나는 저 사람과 다르게 돈에 집착하지 않는 고고한 사람이라 생각한다. 그러나 이러한 비난은 결국, 자신 또한 돈이라는 가치에 대해 집착하고 있다는 근거이며, 그 욕구가 충족되지 못하자 종국에는 태도를 바꾸어 돈에 대한 가치관은 세속적인 거라고 터부시해 버리는 것이다.

　화폐는 비효율적인 물물교환의 역사를 없애면서 지금까지도 경제적 거래의 단위로 이용되고 있다. 화폐가 없었다면, 우리는 노트북 한 대를 사기 위해 어마어마한 양의 쌀을 날라야 했을 것이다. 이렇게 편리하고 소지가 가능하며 신뢰할 수 있는 화폐의 다른 이름은 '돈'이다. 그러나 돈을 많이 소유했다는 이유로 혹은 돈을 많이 소비한다는 이유로 타인을 비판하는 것은 이중적인 태도다.
　누구보다 금전의 혜택을 잘 누리고, 심지어 그들 스스로까지 더 많은 돈을 원하는 욕망을 내재하고 있으면서 왜 돈과 관련된 욕망을 쉽게 부정하는가?

　책임과 자유는 분리될 수 없는 관계라는 유명한 말이 있다. 책임이 먼저냐 자유가 먼저냐는 질문은 닭이 먼저냐 달걀이 먼저냐는 무익한 질문과 같다. 중요한 것은 책임과 자유, 둘 중 하나가 빠질 수 없고, 함께 공존해야 빛을 발할 수 있다는 점이다. 자유의 중요성이 대두되면서 책임을 보완하기 위한 법과 권리가 등장했다. 권리의 신장은 곧 눈부신 발전을 이뤄냈다. 민주주의의 초석을 다지기 위한 거룩한 희생과 산업혁명의 불씨가 된 것이다.
　그러나 현대에 들어서 '자유'는 그 의미를 잃어버렸다. 세대 간의 갈등과 같은 이유로 '자유'라는 가치관을 다시 점검해봐야 한다는 논제가 나타났다. 자유를 추구하는 이를 책임감 없는 사람이라고 치부해버리는 사회의 목소리가 커졌다. 자유를 갈망하는 사람은 대체로 노동과 애국심 같은 책무를 져버리고 사회에 불만을 품는다는 것이 그 이유였다. 그들은 매체에서 이상주의자 혹은 게으름뱅이로 묘사되었다.

개인의 자유에 대한 범위가 넓어졌고 그 종류도 다양해진 탓에 나타난 결과일 것이다. 사회는 책임감과 자유의 균형을 맞추고 싶어 했고, 개인은 자유에 비중을 더 두고 싶어 했다. 자유를 갈망하며 부패와 맞서 싸우던 이들이 후대의 자유를 억압하고 있다.

자유는 과연 제한할 수 있는 것인가. 만일 그렇다면 그 기준은 누가 정하는 것인가.

아직 한국에서 성에 대한 인식은 부정적이고 저속한 것으로 취급된다. 유독 한국에서만 심각하게 나타나는 특징이다. 세속적인 것 중 가장 부정하게 여겨지는 것이 바로 성(性)과 색(色)이다.

근대 역사에서 성은 오히려 터부시되지 않았다. 냉전기 시대 자유 진영 국가의 대부분이 성에 대해 관대했고, 성인물의 소유는 물론 매춘까지 법적으로 허용한 국가가 많았다. 그러나 유독 대한민국만이 소련이나 중국처럼 성인물을 금기하고 성적인 것을 저속한 것으로 취급했다.

한국은 오랜 군사정권의 탄압을 받으면서 사회주의 타도를 이유로 국민의 사생활을 점검하고 검열했다. 당연히 1순위는 성의 탄압이다. 영화와 대중가요는 물론 미니스커트 단속에 이르기까지 성의 본질을 탄압하고 검열하기 위해 부단히 노력했다. 이러한 문화 지체 현상은 민주화 시대에 이르러서도 극복이 되지 못하고 있다.

최근에도 인터넷 검열과 관련된 논란이 뜨겁다. https 차단과 같은 정부의 방침이 개인의 자유를 침해한다는 의견과 충돌했다. 많은 제도가 그렇듯 그 이상과 목적은 좋지만, 성인물이 등록된 사이트 접속을 불허한다는 것이 궁극적 목표가 아니냐는 비난이 있다.

성은 독이 든 음식과 같아서 외면하면 나중에 큰 문제로 발전하는 특징이 있다. 회피하고 숨길수록 퇴보하기 마련이다. 성교육조차 부끄러워하고 성인이 성인물을 접하지 못하는 현실이 건전한 사회라고 말할 수 있을까.

성은 아름다울 수도 있고 미천하고 저속하게 변화할 수도 있다. 성을 터부시하는 것이 고매한 삶이라면 수많은 선조의 번식으로 도달한 우리의 사회에 어떻게 살고 있을 수 있을까.

성적인 것이 삶의 지향점인 사람도 있다. 넘치는 에너지와 육체의 아름다움을 탐미하는 것이 그의 목적이 되었다면, 그는 자신을 가꾸기 위해 노력할 것이고 이성을 즐겁게 하는 법을 터득할 것이다. 그의 삶이 잘못되었다고 말할 수 있는 사람은 무엇을 근거로 그를 비난할 것인가. 고매한 삶을 지향하지 않는다는 이유로는 그를 설득할 수 없을 것이다.

게으른 천재가 세상을 바꾼다. 성실함과 부지런함만이 세상을 바꾸는 것이 아니다. 그것은 가끔 발전을 지체시키는 보수적인 태도를 보이기도 한다.

의사를 꿈꿨던 대학생이 어느 날 자신의 꿈에 대해 흥미를 잃고 음주운전과 쾌락에 젖어 살았다. 내가 돈을 버는 것보다 남이 나를 위해 돈을 벌어야 한다는 고매하지 않은 가치관의 소유자이기도 했다. 그는 대학교를 중퇴하고 마이크로소프트사를 창업해 전 세계에 컴퓨터와 인터넷을 보급했다. 경쟁업체에 협박도 불사하며 사업을 확장 했다. 경쟁자의 비난을 받으면서도 멈추지 않았다.

인터넷과 컴퓨터는 인류에게 혁명적인 발전을 선물했다. 이제 인터넷 없이 살 수 있는 현대인을 찾아보기 힘들다. 그 게으른 천재는 1995년부터 2009년까지 세상에서 가장 많은 재산의 소유자가 되었고 후에는 천문학적인 기부를 일삼으며 자신의 잘못을 씻고 있다.

✏️ 세속 = 공기나 물과도 같은 것

세속은 어디에나 있다. 도시에서 넘쳐흐르고 시골과 산골 해안가에서도 찾아볼 수 있다. 그것은 마치 인간이 기본적으로 영위해야 할 '기반시설'과 같다. 기반시설이란 도로, 공원, 시장, 철도 등 주민의 생활이나 도시 기능 유지에 필요한 물리적인 요소다. 동네에 들어오는 새로운 기반시설을 반대하는 사람은 아무도 없다. 그것 없이 살 수는 있지만, 매우 불편하다는 것이 그 이유다.

철학자 칸트는 인간에 대해 이렇게 말했다.

"무인도에 버려진 사람은 자신의 움막을 아름답게 꾸미지 않는다."

인간이란 본래 필연적으로 타인에 의해 판단되는 것에 두려움을 느낀다. 그러므로 우리의 삶을 더 편리하게 만들어주며 내 주위에 가득한 세속적인 것들을 밀어내며 부정한다. 세속적인 것의 온갖 편의는 전부 누리며, 나는 그런 종류의 사람이 아니라며 자랑스럽게 외친다. 이러한 이중잣대는 타인보다 자신을 더 호의적으로 평가하는 자신감으로 변질된다.

　내가 가난하다고 가정하자. 가난에서 벗어나고 싶어 하는 '나'와 물질을 탐하려는 '탐욕'은 분리된 것이 아니다. 탐욕을 억제하려 종교에 의지하고, 나의 힘든 상황은 신이 나에게 내린 시련이라고 생각한다. 그의 집은 수도가 들어오지 않아 씻는 것이 힘들다. 빨래는 상상도 할 수 없고 화장실을 갈 수도 없다. 인간으로서 마땅히 누려야 할 기본적인 생활이 되지 않는 곳에서 두 손을 모으고 신께 감사의 기도를 올린다. 이 모습을 본 사람들은 정말 고귀한 삶을 산다며 감동한다.
　반대로 도시의 문명을 누리며 살던 사람이 어느 날 저 사람과 뒤바뀌었다고 가정하자. 그는 자신을 감동하게 한 사람의 삶으로 들어가 똑같이 신께 감사의 기도를 전할 수 있을 것인가. 당연하다고 생각했던 수도와 가스, 전기가 들어오지 않는 낡은 집에서 속세의 번뇌를 버리고 신에게 기도하는 고고함을 추구할 수 있을지는 미지수다.

　세속적인 것에 익숙해지면 무감각해진다. 누구나 익숙한 것에 회의하며 자신이 경험해보지 않은 고차원의 삶을 추구한다. 고매한 삶을 향한 추구는 당연하다. 그러나 내가 사는 세속적인 것을 비난할 필요는 없다. 세속적인 것은 우리와 밀접한 관계를 맺고 있고 우리를 편안하게 만들어준다. 적은 노력으로도 만족감을 얻을 수 있도록 도와주는 고마운 것일 수도 있다.

   감사하지 못할망정 비난은 거두어야 하지 않을까. 좋든 싫든 당신과 나 우리 모두 세속 안에서 삶을 영위하고 있지 않은가.

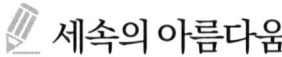 세속의 아름다움

불교의 교리 중 색수상행식이라는 가르침이 있다. 원불교대사전에 있는 사전적 의미를 첨부한다. 오온의 다섯 가지 내용이다. 인간의 육신과 정신의 표현 요소 혹은 우주 만물을 구성하는 다섯 가지의 기본 요소다. 오음, 오중, 오취라고 불리기도 한다.

'색(色)' - 형상과 색깔로서 형상 있는 모든 물체를 말한다.

'수(受)' - 괴롭다·즐겁다·괴롭지도 즐겁지도 않다 등으로 느끼는 마음의 작용을 말한다.

'상(想)' - 외계의 사물을 마음속에 받아들이고 그것을 상상하여 보는 마음의 작용, 곧 연상을 말한다.

'행(行)' - 인연에 따라 생겨나서 시간적으로 변천하는 마음의 작용, 곧 반응을 말한다.

'식(識)' - 의식하고 분별하는 마음의 작용을 말한다.

여기에서 색은 인간의 육체요, 수·상·행·식은 인간의 마음이다.

불교에서 이 교리는 우리 눈앞에 있는 형상이나 물체의 존재를 일시적인 것으로 판단하니, 그것에 얽매일 필요가 없다고 해석된다. 그리하여 번뇌와 삶과 죽음에 집착하는 것은 무의미 하니 교인들이 만물에 실체가 없다는 진리를 깨우치는 것을 원한다.

이러한 교리는 해탈의 경지에 이르는 방법으로 해석할 수 있지만, 좀 더 다른 쪽으로 해석될 여지가 있다. 불교를 포함한 모든 종교에서 인간이란 본래 유혹에 약하고 번뇌에 빠지기 쉬운 나약한 존재다. 성경에 나오는 7대 죄악과 뱀의 꾐에 빠져 선악과를 따먹는 아담과 이브 설화 등이 그 예이다.

교만, 탐욕, 시기, 분노, 음욕, 식탐, 나태를 비판하고 그 행위가 금기시된다고 가르친다. 동양철학에서도 번뇌를 버리는 것이 해탈에 이르는 방법이라 설교한다. 그러나 이러한 세속적인 것들의 이면에도 아름다움이 존재하며, 인간은 그 아름다움에 얽매이기 쉬운 존재다. 세속은 신비로운 측면과 부정적인 측면 모두 가진 입체적인 순리다. 세속적인 것이 꼭 부정적으로만 해석되는 것은 아니다.

신과 관련된 설화를 개인의 가치관으로 풀어낸 작가가 있다. 저자는 알베르 카뮈, 제목은 〈시시포스 신화〉다.

한 남자가 커다란 돌덩이를 언덕 위로 올린다. 남자의 옷은 몹시 낡았고 거친 바람이 언덕을 오르는 그를 방해한다. 이마에는 땀방울이 가득하고 발바닥은 짓눌려 피와 고름이 그가 걸어온 길마다 가득하다. 바람이 날카로워 그의 몸은 차갑고 손바닥과 몸뚱이에는 크고 작은 상처가 가득하다. 그는 안간힘을 쓰며 돌을 들어 올려 머리 위로 손을 지탱하며 돌을 경사진 언덕으로 올린다.

티치아노(1490-1576) 作, 시시포스(Sisyphus).

남자의 숨소리는 정상으로 향할수록 거세진다. 언덕의 중간 부분부터는 경사도 더 급박해졌다. 남자는 거의 쓰러지다시피 하면서도 돌덩이를 밀어 올린다. 한 순간의 휴식도 없이 돌덩이를 밀어 올리기를 반복한 끝에 정상에 도달했다. 그는 탈진해 쓰러졌다. 땅으로 들어가듯 누워버렸다. 그러나 다시 일어나 올라온 언덕을 내려갔다. 그는 언덕을 내려가 또 다시 큰 돌덩이를 정상까지 밀어 올려야 했다.

시시포스는 그리스신화 속에서 가장 교활한 인물이라는 평가를 받는다. 그는 사신을 속여 호의호식하며 일생을 즐겼다. 다양한 거짓말과 권모술수로 번번이 사신을 속여 그의 수명을 끝없이 연장한다. 그만큼 생애에 깊은 집착을 했을 것이다. 결국 그는 형벌을 받는다. 형벌이란 커다란 돌을 산 정상까지 올리는 것인데, 정상에 올라간 돌덩이가 다시 굴러떨어져 영원히 끝나지 않는 노동을 수행하는 것이다.

이 신화 속 이야기는 거짓말의 위험성을 경고하면서 은근하게 '인간에게 주어진 운명을 거스르지 말라.'라는 주제를 내포하고 있다. 무용하고 희망 없는 노동을 끊임없이 받는 것을 통해 시시포스의 처참한 말로를 보여주려고 했다.

그러나 철저한 실존주의자 카뮈는 이 시시포스 설화를 전혀 다른 방면으로 해석했다. 고결한 가치만이 꼭 정답이 아니라는 날카로운 주제를 던졌다. 신과 운명에 반항하고 생애에 대한 시시포스의 집착이 무의미한 것만은 아니라고 밝혔다. 세속적인 가치를 추구해 형벌을 받는 시시포스는 오히려 우리와 비숫하며, 형벌을 받는 그 자신은 행복할 수도 있다는 것이 그의 논지다.

우리도 언제나 시시포스처럼 무거운 짐을 발견한다. 시시포스는 항상 바위를 들어올리는 고결한 모습을 보여준다. 산 정상을 향한 여정 그 자체가 목표를 향해 도전하는 의미 있는 삶일 수도 있지 않을까.

시시포스는 불행하지 않을 수도 있다. 끝나지 않는 형벌 속에서 그만의 가치를 발견할 수도 있다. 자신의 과오에 대한 일말의 후회도 느끼지 않을 수 있다. 고행을 반복하는 그의 모습에서 현인들의 모습이 겹쳐 보이지 않는가.

세속적인 것은 인간이 느끼는 자연스러운 감정이자 순리다. 세속의 아름다움을 인정하고 살아가는 것 또한 해탈의 종류 중 하나가 아닐까.

📝 세속적 가치도 추구하다 보면 예술이 된다

예술과 윤리성의 관계는 오랜 시간 이어진 논쟁이다. 예술 그 자체에 집중하자는 의견과, 예술은 사회에 많은 영향을 끼치기 때문에 근본적으로는 윤리에 초점을 맞춰야 한다는 의견이 대립한다. 실험적인 공모전에서는 날 것 그대로의 작품을 높게 평가하는 경향이 있고, 위엄 있고 보수적인 공모전의 당선작들은 인간의 아픔, 반성 등을 다룬 작품이 많다.

예술은 주체적인 사물과 관념을 통하여 보편적인 표현을 하는 활동이자 지적인 기술이다. 보편적인 것에서 새로운 가치를 발견해내는 것에 있어 개방적이고 조금은 특이하다고 말할 수 있는 가치관을 따르고 있기도 하다. 천재 예술가일수록 사회와 비평가들의 관심을 많이 받게 되는데 그들의 작품은 시대와 그 시대에 유행하는 가치관에 따라 비난받거나 극찬을 받게 된다. 대중성과 작품성 사이에서의 갈등은 예술가들의 영원한 숙제이다.

그러나 본래 예술은 미지의 세계에 있는 것을 활자나 그림 혹은 다른 매체로 옮겨놓은 것에 불과하다. 그 윤리성 또한 개인과 평론가의 해석에 의한 것이기 때문에 획일적인 정답이라 말할 수 없다. 실례로 여성의 육체만을 탐닉하는 화가가 있다. 그가 저속하고 변태적인 성욕의 예술가라는 비난은 타당한가. 그에게 여성의 육체란 그가 태어난 우주일 수도 있고, 성욕의 대상이 아닌 고결한 어떤 것일 수도 있다. 반대로 윤리적인 시를 짓는 문인의 사생활이 성적으로 문란하다면 그의 작품은 또 어떻게 해석될까.

예술의 가치란 개인의 신념과 잣대에 좌우될 수 없을 것이다. 다양하게 해석되는 작품이 명작의 반열에 오르는 것도 그 까닭인 듯하다. 프랑스를 대표하는 인상주의 화가 피에르 오귀스트 르누아르는 이런 말을 남겼다.

"Un sein, c'est rond, c'est chaud. Si Dieu n'avait créé la gorge de la femme, je ne sais si j'aurais été peintre."

"유방은 둥글다. 따뜻하다. 신이 여자의 젖가슴을 창조하지 않으셨다면, 나는 화가가 되지 않았을지도 모른다."

이는 르누아르의 예술관을 꿰뚫는 말이다. 실제로 그는 여성의 육체를 묘사하는 데 엄청난 재능을 나타냈다. 가장 아름다운 그림을 그린다는 찬사까지 받을 정도였다. 그는 여성의 육체에 깃든 끝없는 아름다움을 찾기 위해 그림을 그랬다. 그의 그림에 등장하는 여성은 따뜻하고 화사하게 묘사되었으며 옷 한 벌 걸치지 않았지만 다채로운 색을 지닌 그녀들의 모습은 고풍스럽게 느껴지기까지 한다. 그가 묘사한 여인들은 나체인 상태로 캔버스에 옮겨지지만, 저속하게 느껴지지 않는다.

가치는 고귀한 것에서 오는 것이 아니다. 깊이 있는 사색과 관찰을 통해 때로는 세속적인 것들에서도 아름다움을 발견할 수 있다. 아직 세속적인 것에서 나만의 가치를 찾지 못했다고 고고한 삶을 선망할 필요도 없다. 당신의 가치는 아직 드러나지 않은 미지의 다른 방향일 수도 있다.

오귀스트 르누아르(1841.2.25.~1919.12.3) 作, 대수욕도, 1887.

03
욕심을 버려야만 행복할까?

📝 욕구, 욕망, 욕심의 본질

"너희는 자신을 위하여 보물을 땅에 쌓아 두지 마라.
하늘에 보물을 쌓아라. 사실 너의 보물이 있는 곳에 너의 마음도 있다."

— 마태복음 6장 19절

며칠 전 늦둥이를 출산한 어린 부부의 고충을 들은 기억이 있다. 일상적인 말이 오갔다. 의미는 없겠지만, 그래도 육아에서 무엇이 제일 힘드냐는 질문을 했다. 젊은 아빠는 손톱을 깎아주는 것이 제일 힘들다고 답했다. 손에 무언가가 닿기만 하면 꽉 쥐는 작은 손의 힘이 보통이 아니라 애를 먹는다는 것이 그 이유였다.

인간은 욕심을 갈망하는 존재다. 꼭 쥔 두 손으로 태어나 살아가는 동안 세상의 모든 것을 자기 손에 쥐려고 한다. 아이의 쥐고 있는 손은 삶에 대한 욕구이자 세상에 대한 욕망처럼 느껴지기도 한다.

욕구는 내 안에서 나타나고 욕망은 사회에서 발생한다. 이 둘 중 하나를 마음에 품는 것이 욕심이다. 욕구란 생존하려는 본능과 같이 나타나는 자연스러운 현상이다. 어떤 욕구는 해결되지 않으면 사람을 죽음에 이르게 하기도 한다.

욕망은 삶을 살아가면서 발현된다. 살아가면서 필연적으로 상처를 받고 결핍을 겪으며 그 결핍을 채우기 위해 무언가를 소유하고 가지고 싶어 한다. 욕심을 버리라는 이야기는 이미 우리에게 흔한 교훈이다. 하지만 다시 해석하자면 꽤 섬뜩하게 다가올 수도 있다. 욕심을 버리라는 이야기는 나와 사회 중 하나를 선택하라는 양자택일의 질문이기 때문이다.

플라톤을 포함한 많은 철학가는 인간의 욕심을 극복해야 할 대상으로 보았다. 그것은 비단 서구사회에서만 일어나는 흐름이 아니었다. 동양의 철학가들도 욕심을 지성으로 극복할 수 있고 그것이 올바른 삶이라는 저서를 앞다투어 발표했다.

욕구와 욕망, 욕심의 본질은 무엇인가. 그것은 다양하게 해석되고 예기치 못한 곳에서 발현한다. 대부분 그것이 작동하는 원리는 무엇인지 알지 못해 무작정 부정하려고만 생각한다. 그러나 욕심이 꼭 나쁜 것은 아니다. 이미 현대 사회에서 욕심에 대한 탐구는 심리학, 사회학, 인간학 등에서 이뤄지고 있다.

현대로 들어서면서 욕심에 대한 긍정적인 견해가 등장했다. 욕심은 활용 여부에 따라 충분히 자아실현의 동력이 될 수도 있다는 가능성이 제기되었다.

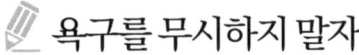 욕구를 무시하지 말자

욕심은 나쁠 수도 있고, 아닐 수도 있다. 나의 내면에 있는 어떠한 결핍이 어떤 것을 간절히 열망하고 원하는 것 자체가 잘못된 것이 아니다. 중요한 것은 그 대상이다. 욕심의 발현 대상은 금전일 수도, 건물일 수도, 아직 가지지 못한 고귀한 정신적인 가치일수도 있기 때문이다.

데카르트는 자신의 저서인 〈정념론〉에서 욕망을 일종의 정념으로 이해했다. "욕심은 좋은 것과 나쁜 것에 대한 고려에서 생겨났다."라고 밝혔다. 소유하지 못한 것을 얻고자 노력하는 것은 앞으로 닥쳐올 나쁜 일을 피하려는 인간의 본성과 닮았다는 것이 그의 주장이다. 욕망의 배경에는 자기를 보호하고 행복하게 만들려는 욕구가 있다.

여기서 한 번 더 욕심의 대상에 대한 중요성이 강조되는데, 그의 발현 대상이 진정 그 자체로 가치 있는 것인지, 내가 정말 바라는 것인지, 타인이 바라는 것인지, 타인이 바라는 것에 만족하려고 발현하는 것인지 정확히 분별할 줄 알아야 하고 숙고해야 할 것이다.

타인의 욕망을 왜 나의 욕구처럼 느끼는가? 인간은 관계의 동물이기 때문이다. 관계에서 살아가고 행복을 느끼며, 슬퍼한다. 그런데도 관계를 벗어나지 못하기 때문에 자신의 가치관, 신념, 욕심을 숨기고 외면한다.

관계를 맺고 살아가는 인간은 그 경험의 대부분이 타인과 함께한 시간이다. 그렇기 내가 진정으로 원하는 욕구과 동시에 타인과 관련된 새로운 욕망의 대상을 찾는다. 욕망은 본래 개인의 다채로운 삶에 뿌리를 내려 개인의 경험을 통해 그 내용과 쾌감이 달라진다.

욕심에 대한 다양한 측면을 이해하기 위해 한 가지 가설을 소개한다.

한 달리기 선수가 있다. 그는 매우 정직하고 편법을 싫어한다. 그의 욕망은 세상에서 가장 빠른 사람이 되는 것이다. 그러기 위해 매일 같이 연습을 반복한다. 금지 약물을 사용해 보라는 권유도 모두 거절했다. 그러던 그의 욕망을 신이 이뤄주었다. 전지전능한 능력으로 그의 근육량이 인간의 범위를 초월하게 해준 것이다.

그와 비슷한 달리기 선수가 있다. 그는 1등을 위해서 수단과 방법을 가리지 않고 살아왔다. 금지 약물은 물론 다른 선수를 향한 고의적인 방해까지 서슴지 않았다. 그의 욕망도 같았다. 자신이 세상에서 가장 빨라지고 싶었다. 그런 그의 소원을 신이 들어주었다.

정직한 달리기 선수가 느끼는 쾌감과 감정이 편법을 사용하는 선수와 같을 수 없을 것이다. 그의 진정으로 바라는 욕망은 '나의 힘으로 이뤄낸 1등'이었을 것이고, 후자의 경우엔 단순하게 '어떠한 방법을 사용하던 상관없이 1등이 되는 것'이었기 때문이다.

개인이 경험을 통해 얻는 지식과 감정이 상이하므로 그 안에서 발견하는 가치 또한 다를 수밖에 없다. 그 가치는 다양한 가치관으로 해석될 것이며 자기 욕심의 모습을 결정하는 열쇠가 되어줄 것이다. 예술가의 삶, 직장인의 삶, 종교인의 삶의 모습과 욕망이 제각기 다르듯이 누구와 관계를 맺고 어떤 삶의 태도를 보이는지가 우리들의 욕심을 반영할 것이다.

나의 욕구와 타인의 욕망이 충돌하는 때도 있다. 시간이 지날수록 더 심해지는 양상을 보인다. 그것은 개인의 욕구가 정치적으로 맞물리는 거시적인 문제로 발전할 수 있고, 개인의 욕구가 타인의 욕망 사이에서 방황하고 원하지 않는 대상에 욕망을 품게 되는 미시적인 문제로 드러나기도 한다.

기형적인 사회의 가장 큰 특징은 개인의 욕심이 잘못된 이데올로기에 휘말려 잘못된 욕망으로 변하고 그것이 다시 거대한 권력에 포함되는 것이다. 그 권력의 중심에는 비뚤어지고 혼합된 욕망이 존재한다.

타인의 욕망이 나의 욕구에 영향을 미치는 것은 잠깐은 아무렇지 않을 수는 있지만, 나의 결핍을 깨닫지 못하게 만드는 것은 물론, 기형적인 사회를 만드는 결과로 나타날 수 있다. 특히 우리나라 사람은 타인을 더 의식하는 경향이 있어 이러한 실수를 저지를 가능성이 크다. 욕망을 발현하기 위해서는 나 자신과 나의 욕구를 이해하는 것이 선행되어야 할 것이다.

 조각가의 꿈을 가진 한 청년이 있다. 그는 뛰어난 손기술을 가져 어린 시절부터 무언가를 창조해내는 데 소질을 보였다. 조소에 뛰어난 재능을 보인 그는 학창 시절 크고 작은 대회에서 많은 수상실적을 냈다. 친구들은 그가 조각하는 광경을 보려고 방과 후에도 미술실에 앉아 있었다. 선생님들도 그가 공부를 못한다고 걱정하지 않았다. 오히려 이 중에서 나중에 가장 돈을 많이 벌 사람은 너라며 다른 아이들 앞에서 그를 치켜세워주기도 했다. 그는 자신의 재능이 마음에 들었고 세상 그 무엇보다 조각이 재미있었다. 더 멋진 작품을 만들고 싶었다.

 그의 어머니는 젊은 시절 사법고시를 준비하다 지금의 남편을 만나 어쩔 수 없이 꿈을 포기했다. 불의와 싸우는 변호사의 꿈을 포기한 큰 이유 중 하나가 그녀의 자식이었다. 자식을 위해 무던히 노력했다. 몸에 좋은 것만 먹이고 학업 성적 향상을 위해 좋은 학원에도 보냈다. 가끔 자식이 옷에 찰흙 같은 것을 묻혀와도 그저 취미겠거니 생각했다. 그녀가 아들의 담임선생님과 상담을 하러 가기 전까진 아들이 자신의 못다한 꿈을 이뤄주리라 생각했다.

 그동안 가져온 성적표가 거짓이었다는 사실을 알고 분노했다. 더 화가 난 것은 아이가 공부보다 조각에 흥미를 느낀다는 것이었다. 아이를 호되게 혼내고 지금이라도 공부를 해서 법학과에 입학하라고 말했다. 아이는 혼란스러웠다. 그러고 싶지 않았지만, 그렇게 해야 할 것 같았기 때문이다.

가장 흔한 나의 욕구와 타인 욕망의 충돌이다. 학생과 부모 관계는 물론 친구와 친구, 직장 동료, 선후배 등 다양한 곳에서 찾아볼 수 있다. 충족되지 않는 욕구는 나를 극한의 상황까지 몰아갈 수 있다. 타인의 욕망에 잠식당해 나의 욕구를 잃지 않는 것이 중요한 삶의 태도가 될 것이다.

우리는 우리의 욕구가 근본적으로 '내가 원하는 것'인지 혹은 '내가 어설프게 원하는 것'인지 '타인이 원하는 것'인지 명확하게 구분해야 한다.

📝 욕구는 채우고 욕망은 건전하게 실현하자

욕구는 충족되어야 하는 것이 맞다. 그러나 내 욕구 충족을 위해 홀연히 떠나는 것이 정답일까. 나와 밀접한 관계의 사람이 존재하는데 나 혼자만 초연하게 이상을 좇으며 사는 것이 또 다른 결핍을 불러오진 않을까 고민해 보자.

현실과 동떨어져 자연과 대화하며 시골에 작은 집을 짓고 사는 것이 욕구인 사람도 있다. 그런 이들은 욕망의 충족을 외부에서 찾지 않고 단단하고 편안한 자신의 마음에서 찾는 것이다. 속세를 떠난 승려나 도사들이 주로 추구하는 방법이다. 그러나 내가 도 닦는 성인이 되고 싶지 않다면, 적당히 욕심도 부리며 살아가고 싶다면, 욕망을 건전하게 실현하는 방법을 찾는 것을 권장한다.

욕구의 충족은 그 방법이 타당하다면 채우는 것이 좋다. 욕구를 충족하고, 다시 다른 결핍이 생기고, 그것을 충족하려고 노력하며 인간은 성장한다. 자아실현으로서 행복을 추구하기 위해 결핍과 충족의 순환은 필연적이다.

욕망의 충족을 행복에 비유했을 때, 그 행복 또한 타당한 방법과 건전한 관계 속에서 이루어져야 할 것이다. 금욕주의적 삶을 지향하는 것이 아니라면, 욕망이 충족되는 것은 나에게 커다란 기쁨을 가져다줄 수 있다.

'나'는 혼자이지만 '나의 관계'는 타인과 얽매여 있다. 타인의 욕망을 충족하기 위해 나를 희생할 필요는 없지만, 나의 욕망을 충족시키기 위해서 타인을 희생시킬 필요도 없다.

욕심을 실현하는 것은 나의 육체이다. 그러나 그것을 지배하는 것은 마음이고 정신이다. 건전한 목표의 수립은 욕망을 내버리지 않으면서 결핍을 건전하게 충족시키는 육체의 노동을 끌어낼 수 있다.

〈무소유〉라는 저서가 대한민국을 강타한 적이 있었다. 20세기 후반, 산업화에 지치고 물질적인 것에 회의를 느끼는 국민에게 호소 짙은 위로가 되어주었다.

그러나 시대가 변했다. 욕심을 덜어내고 없는 것에서 오는 가치를 느끼기에는 오늘날의 세상은 너무 발전했고 다양한 가치가 나타났다. 우리는 무소유의 논리처럼 세상이 소유로 가득 찬 불경한 장소라 생각하지 말고, 모든 사람이 각자의 방식으로 자기의 욕심을 방출하는 무대라고 생각해야 한다.

조각에 뛰어난 재능을 갖고 있어도 그 사실을 깨닫지 못하거나 알더라도 타인의 욕망을 채워주기 위해 외면한다면, 도로 위에 떨어져 꽃을 틔우지 못하는 씨앗과 같다. 내 욕심을 버리고 남의 욕심을 채워주는 것도 아니다. 내 욕심을 추구하느라 내 사람을 내치는 것도 아니다. 욕심의 건전한 실현이 가장 강조되어야 할 것이다.

📝 사람들이 모르는 홀로서기의 의미

　내 정체성을 찾는다는 것은 온전한 자아를 찾는다는 말과 바꿔 쓸 수 있다. 그것은 저절로 주어지는 것이 아닌 스스로에 대한 성찰과 이해가 선행되어야 이뤄낼 수 있는 것이다. 욕심에 대한 자기 반응을 이해하며 그 충족을 건전하게 하는 과정은 곧 나의 정체성을 찾는 여정이다. 내 자아를 실현하기 위해 성찰과 이해를 실천하는 것은 반드시 필요하다.

　자아실현을 심화하기 위해 내 내면의 자아와 마주하고 깊은 성찰을 하는 과정도 뒤따라야 한다. 그 과정에서 외부와 내부의 내가 만나 재구성된 자신을 발견할 수 있으리라.

　깊은 나를 마주한다는 것은 무척 어려운 일이다. 내가 생각하는 이상적인 나와는 정반대의 모습을 발견할 수 있을 것이며 처음에는 그 단계까지 진입하기도 쉽지 않을 것이다. 그러나 진정한 나와 마주하려면 어두운 곳까지 충분히 내려가야 한다. 그곳에는 내가 그토록 싫어했던 게으름, 탐욕, 욕망, 트라우마 등 온갖 부정적인 것들이 가득하다.

어둡고 무섭고 내가 아닌 것 같으며 자아가 붕괴하여버릴 것 같은 공포에 휩싸이는 것이 첫 번째 순서다. 누구나 나의 부정적인 측면을 마주하는 것을 두려워한다. 그것은 자연스러운 감정이다. 이 과정을 평생 겪지 못하는 사람들은 자신의 욕망만을 중요시하며 튼튼한 방어기제를 만들어 타인과 진정으로 교류하지 못하는 자기애적 성격장애에 빠진다.

역경을 뚫고 마주한 내면의 나와 대화를 나누어야 한다. 내면의 내가 바라는 것이 무엇인지 귀 기울여보는 것이다. 그것은 외부의 내가 바라던 것과는 전혀 다른 성질의 것일 수도 있고, 만약 내가 고고한 삶에 목매왔다면 내면의 나는 세속적인 것을 바랄 확률이 높다. 적당한 타협점을 찾을 수도, 외면할 수도 있다.

내면의 나를 만나는 것을 두려워하지 않고 나아가 대화까지 익숙하게 할 수 있는 자만이 자기 이해의 경지에 도달할 수 있다. 그것은 내면 의식의 강화로 이어져 이전에는 볼 수 없었던 것과 타인의 마음을 헤아리는 능력을 갖게 해준다.

타성에 젖어 있던 나를 발견하고 억지로 외면했던 세속적인 욕망을 온전히 이해할 수 있다. 그것이 잘못된 것만은 아니구나, 느끼기까지 오랜 시간을 낭비한 자신을 찾을 수 있을 것이다. 자아를 실현하여 내면의 나와 거리낌 없이 소통할 수 있는 자만이 진정한 행복을 찾을 수 있다. 정체성을 찾은 자와 그렇지 못한 자의 생애는 커다란 차이가 있을 것이 분명하다.

 금어초

금어초는 쌍떡잎식물 통화식물목 현삼과의 여러해살이풀이다. 길게 나열할 필요 없이 금붕어를 닮은 그 자태가 아름다워 금어초라 불린다. 추위에 강하며 5~7월 사이에 만개한다. 아름다운 색깔로 유명한데, 자주색과 분홍색, 노란색이 흔하다. 두툼한 입술을 닮은 꽃잎이 예쁘고 모인 꽃잎이 마치 헤엄치는 금붕어 같다.

금어초(snapdragon)

그렇다면 이런 아름다운 꽃의 꽃말을 알고 있는가. 아름다운 자태의 꽃은 대체로 그 외면에 걸맞은 꽃말을 소유하고 있는 법이다. 안개꽃의 꽃말은 '사랑', 장미의 꽃말도 '사랑', 메리골드의 꽃말은 '반드시 오고야 말 행복', 제비꽃은 '순수'라는 뜻의 꽃말을 갖고 있다.

외면의 자태는 금어초도 화려하다. 그러나 금어초의 꽃말은 '탐욕과 욕망'이다. 이런 꽃말 때문에 소중한 사람에게는 선물하지 않는 사람도 많다. 그 이유는 금어초의 또 한 가지 특징에 있다. 금어초가 시드는 순간 말라가며 생기 넘치던 꽃잎은 중앙을 향해 오므라든다. 이내 몇 개의 시든 꽃잎이 모여 해골의 형상을 만든다. 그 색마저 기괴하여 영화 소품으로도 많이 쓰인다.

금어초는 인간의 생애와 비유되곤 한다.

꽃은 화려하게 피어나 넘치는 사랑을 받고 인간의 마음을 표현하는 매개체로 활용된다. 그러나 시든 꽃은 그 모습이 추레하여 찾는 이가 없고 누구에게 선뜻 선물하지 못한다.

"꽃이 마냥 피어 있으면 얼마나 좋겠소. 하지만 나중에는 오그라들어서 시들어버리고 말지."

영화 〈님아 그 강을 건너지 마오〉 속에 나오는 대사다. 등장인물의 말처럼 인생이 항상 화려할 수는 없는 법이다. 이십 대의 빛나는 청춘은 외모와 함께 점점 파리해진다. 중년에 접어들면서 한풀 더 꺾이고 황혼에는 깡마른 몰골을 가진 채 자리에서 일어나지 못한다. 화려한 겉모습을 지워내니 앙상한 해골이 남은 금어초처럼 우리의 삶은 그렇게 저물기 마련이다.

욕망과 탐욕이라는 꽃말은 또 어떤가. 나 자신을 똑바로 바라볼 수 있고 건전한 방법으로 실현하는 욕망은 그 화려함으로 만개하지만, 자신에 대한 이해도 없이 맹목적인 탐욕을 실현했을 때는 끔찍한 몰골로 변한다.

금어초는 아름다움과 더불어 추위에도 강해 전국 곳곳에서 재배되고 있다. 우리네 삶도 이렇게 해석할 수 있을 것이다. 욕망과 욕심, 욕구 그 자체가 나쁜 것이 아니다. 버리고 남에게 드러내지 못할 정도로 추한 것은 더욱 아니다. 잘 사용하면 아름답게 피어나는 삶의 긍정적인 원동력이 될 것이고, 잘못 사용한다면 보기 싫게 어그러질 것이다.

남이 좋다는 것만 따라가면 그게 어디 내 것인가

비가 오는 날의 감성과 낭만이 좋다면서 정작 비가 온다면 우산을 펼치는 사람이 대부분이다. 이토록 인간의 언어와 행동은 일치하기 어렵다. 하지만 비를 사랑한다는 말 대신, 이미 젖은 자는 젖지 않는다며 새로운 시각으로 비를 맞이하는 사람도 존재한다. 우리는 그들을 '심지가 곧은 사람'이라 칭한다. 그들은 타인의 말에 쉽게 흔들리지 않고 논쟁을 두려워하지 않는 특징을 지녔다. 자신의 가치관이 확고한 사람은 얼핏 이상하게 보일 수 있다. 가령 비 오는 날에 온몸으로 비를 받아내는 사람을 누가 정상으로 보겠는가. 그들에게 인생이란, 기다란 선이 아닌 찰나의 집합일 뿐이다.

"비관론자는 바람을 불평하고, 낙관론자는 바람이 변하기를 기대한다. 하지만 현실주의자는 돛을 조정한다."

미국의 언론인 아서 워드의 명언이다. 그는 지독한 현실주의자였지만, 반대로 현실의 부정적인 측면을 강조하는 비관론자이기도 했다.

낙관론과 비관론, 현실론은 가치관이 뚜렷한 생애를 살아가고 있는 앞에서는 무의미한 가치다. 그들은 비가 멈추기를 기도하지 않고, 비가 내리는 하늘을 탓하지도 않는다. 우산마저 펼치지 않는다는 점에 있어 가히 초월적이라 불릴만하다.

그러나 그들은 세속적인 가치를 부정하지 않는다. 나는 현인이 아니라 한 명의 인간이라는 가치관이 굳건하게 자리 잡고 있기 때문이다. 나의 선택에 부끄러워하지 않는다. 후회도 하지 않는다. 때로는 한 귀로 듣고 나와 관련 없는 말은 한 귀로 흘리는 무례함을 표출할 수도 있다. 욕망에 충실할 수 있는 까닭은 그가 내면의 목소리에 집중했기 때문이리라. 그들 앞에 세속적인 것과 고매한 것은 경계가 없다. 그저 내가 선택하고 걸어가는 길을 확신할 뿐이다.

비는 우리를 감상에 젖게 만든다. 그러나 몸과 옷을 젖게 하는 속성도 갖고 있다. 이렇듯 우리가 선망하는 모든 것들은 양면성을 지니고 있다. 어느 한 부분에 집중하여 다른 가치를 외면하는 것은 반쪽짜리 삶을 사는 것과 같다.

뚝심, 심지라고 한다. 가치관이 강한 사람은 무의식적으로 이분법적 논리를 부정하고 있는지도 모른다. 남이 부정하는 것이 내가 긍정하는 것이라면 똑바로 걸어갈 용기가 필요할 것이다.

꽃밭에 어찌 화려한 꽃들만 있을 수 있을까. 지는 꽃도 꽃이고 관상용 바위 뒷면에는 곰팡이와 벌레들이 서식하는 법이다. 나의 밭은 남이 가꾸어주지 않는다. 지금 우리의 꽃밭은 어떤 모습으로 세상에 보이는가?

3장

인간의 **양면성**

네 말도, 네 말도, 그리고 네 말도 옳다!

황희 정승이 어린 여종 둘의 다툼을 보며 한 말이다. 모든 것에 정해진 정답은 없고 인간의 다양한 모습을 수용할 줄 아는 태도를 강조할 때 자주 인용되는 일화다. 수많은 철학과 문학은 인간의 본질을 탐구하려는 시도로부터 시작되었다. 그러나 천재들의 한 생애를 온전하게 바쳐도 정답을 찾아내지 못했다. 그저 인간이 가진 한 측면을 밝혀내었을 뿐이다. 다시 말하자면, 오늘날의 철학과 문학을 포함한 인문학이란, 인간의 끝없는 다양성을 탐구하기 위한 시도의 집합이다.

칼 융은 인간을 탄생할 때부터 양성을 지닌 존재라고 규정했다. 융은 인간은 이성과 사랑을 겸비한 양성적인 존재이며, 성숙한 사람이 되는 방법으로 내부에 잠재된 개인의 다양성을 이해하고 개발해야 한다고 밝혔다. 이를테면 여성과 남성의 기준을 나누는 것은 우리가 가장 흔히 접하는 실수다. 여자는 조신하고 유약하며, 남자는 강하고 울면 안 된다는 성 역할에 대한 강요는 인간의 다양성과 양면성을 고려하지 않은 부조리다. 남성과 여성, 약자와 강자, 악인과 성인 등 인간은 자신을 이분법적으로 기준 짓는 것을 좋아한다.

    뛰어난 재능을 소유한 천재가 사랑 앞에 한순간 무너지고, 그를 비판하던 사람들이 그의 죽음 앞에서 고인을 추모하는 이중적인 모습이 느껴진다. 결국, 우리를 비극으로 치닫게 하는 시작은 선입견과 굳어진 가치관이며, 인간의 생애를 소박하거나, 장대하거나 둘 중 하나로 나누려는 이분법적인 사고라는 것을 모두가 알고 있다.

    고매함을 위해 고집스럽게 추구하는 이상적인 삶 앞에 좌절하고 다시 세속적인 가치에 삶을 살아가는 이중성을 주위에서 쉽게 발견할 수 있다. 나의 말도 맞고 너의 말도 맞는다면, 제3자가 주장하는 의견에도 오답은 없을 것이다.

01
선한 자와 악한 자

✏️ 선악의 모호성

하느님께서 아담을 데려다가 에덴에 있는 이 동산을 돌보게 하시며 이렇게 이르셨다.

"이 동산에 있는 나무 열매는 무엇이든지 마음대로 따 먹어라. 그러나 선과 악을 알게 하는 나무 열매만은 따 먹지 말아라. 그것을 따먹는 날, 너는 반드시 죽는다." (창2:16-17)

인간이 신께 대적할 수 없는 불완전한 존재임을 강조할 때면 모두 선악과 이야기를 떠올린다. 아담과 이브는 뱀의 꼬임에 넘어가 선악과를 따 먹고, 부끄러움을 깨달아 서로의 몸을 가린다. 그 후에 에덴동산에서 쫓겨났다.

선악과 설화는 후대에 많은 해석을 낳았다. 전지전능한 하느님은 아담과 이브가 선악과를 따 먹는 미래를 알면서도 왜 에덴동산을 창조했는가, 선악과를 먹고 선과 악의 경계가 분명해졌다면, 선악과를 따 먹는 그 행위 자체는 죄로 판단할 수 있는가? 선악과를 먹지 말라는 기준을 제시한 하느님의 잘못인가. 그 기준을 무시한 아담과 이브의 잘못일까.

선악과는 '선과 악'을 상징하기도 하지만 '지혜'를 상징하기도 한다. 인간의 지혜 중 철학자들이 가장 집중한 가치가 바로 '부끄러움'이다. 공자는 논어를 통해 '부끄러움'과 '도덕적 자기 수양'을 철학 최고의 덕목으로 삼았다. 플라톤을 비롯한 서구의 철학자들도 부끄러움의 도덕적 기능을 증명하기 위한 연구를 멈추지 않았다.

노자는 인위적으로 나누어 생긴 감정이 세상을 더욱 혼란스럽게 한다고 판단했다. 경계가 모호한 것을 혼란이라고 부르지만, 경계를 인식하면서 세상은 더 혼란스러워지는 법이다. 선과 악의 경계가 불분명했던 에덴동산은 낙원처럼 아름다웠을 수도 있고, 혼란이 가득하지만 그것을 인지하지 못하는 무의 상태였을 수도 있다.

    선악과를 먹은 인간은 고통이 가득한 현세에서 살아가지만, 그것을 극복할 부끄러움 또한 인식하고 있다. 선과 악의 개념은 수많은 선악과 설화의 해설처럼 불분명하고 모호한 것이다.

 친모와 계모

계모는 자식과 혈연관계가 아니다. 천륜으로 맺어지지 않았다는 인식 때문일까. 연속극, 영화를 비롯한 많은 매체에서 계모라는 존재는 부정적으로 묘사되기 마련이다. 신데렐라, 장화홍련전, 콩쥐팥쥐와 같은 설화 속에서도 계모는 주인공을 괴롭히는 악역으로 등장한다.

그렇기 때문에 우리도 은연중에 계모를 부정적으로 생각하고 있는 것은 아닐까. 그러나 계모의 사전적 의미를 찾아보면 그 숨겨진 뜻이 놀랍다. 이을 계(繼), 어머니 모(母), 끊어진 어머니와의 관계를 다시 이어간다는 뜻이다. 실제로 2018년 보건복지부에서 시행한 아동학대 주요 통계 조사에 따르면 학대 행위자와 피해 아동과의 관계에서 1위는 친부(43.7%), 2위는 친모(29.8%)로 나타났으며 계모에 의한 아동학대는 1.2%를 기록하는 데 그쳤다. 계모에 대한 부정적인 인식은 현실을 반영하지 않은 것이다.

스티브 잡스와 링컨을 포함한 많은 위인도 계모의 품에서 자랐다. 사실 양육에 최선을 다하는 계모는 오히려 친모보다 더 훌륭한 엄마가 되어줄 수 있다. 자식과 자신 사이의 '객관성'을 유지하기 쉽기 때문이다. 사실 양육에서 가장 어려운 것은 '객관성'을 유지하는 것이다. 친모와 어린 자녀의 갈등 대부분이 소유욕에서 비롯된 애착이다. 자식을 하나의 독립된 개체로 바라보지 않고 나의 일부분으로 바라보려는 태도가 문제의 원인이다.

❖ 어쩌면 친모보다도 나은?

계모는 좋은 선생님의 관점에서 아이를 양육할 수 있다. 객관성을 유지하는 것이 친모보다 더 수월하기 때문이다. 처음에는 낯설고 어색해도, 아이가 계모와 좋은 관계를 유지하는 데 성공한다면 화목한 가정을 이룰 수 있으리라. 잘 알려지지 않아서 그렇지 실제로 그런 사례도 많다.

'양육'이 아닌 다른 관점에서는 어떨까. 〈신데렐라〉에 드러난 '트리메인 부인'의 모습을 통해 계모의 인식을 확인할 수 있다. 신데렐라의 계모 트리메인 부인은 상당한 악역이다. 그녀는 신데렐라에게 육체적인 노동뿐만 아니라, 심리적이고 정신적인 고통까지 선사한다. 신데렐라를 무너뜨리기 위해 악담을 퍼붓는 일도 서슴지 않는다. 이 모든 시련을 극복해 왕자의 사랑을 선택받는 것이 우리가 잘 알고 있는 〈신데렐라〉 줄거리다.

그러나 신데렐라보다 트리메인 부인에게 더 집중해보자. 그녀 역시 남편을 잃은 과부였고 슬하에 두 아이를 홀로 키우고 있었다. 신데렐라의 아버지 사망 이후 그녀가 신데렐라를 더욱 압박한다는 묘사에만 치우쳐 정작 그녀의 과거는 조망 받지 못했다. 처음에는 그녀도 신데렐라와 좋은 관계를 유지하고 싶어 했을 수도 있다. 신데렐라가 친모의 그늘을 벗어나지 못해 자기 파괴적인 성격을 갖게 되었을 수도 있었을 것이다.

사실 작품의 배경이 되는 중세 시절에 과부 혼자 아이 셋을 키우는 일은 보통 일이 아니다. 그녀가 자신의 친자를 왕자와 이어지게 하려는 시도도 마냥 속물적인 태도라고 단정지을 수 없다. 그녀의 인간관계는 또 어떨 것인가. 신데렐라에게는 차갑고 마음을 열지 않았지만, 다른 이들에게는 착하고 책임감 있는 여자로 비춰질 수 있지 않은가.

미디어가 묘사하는 나쁜 계모는 현실에 흔하지 않다. 누구에게는 나쁜 사람이지만, 누구에게는 착한 사람으로 보이는 것이 인간의 속성이다. 부정적으로 묘사되고 있는 계모의 대부분은 혈연으로 이어지지 않은 자식과 교감하고 소통하려고 외로움과 싸우며 부단히 노력하고 있을 것이다.

벤츠와 똥차

끝난 연애에서 나는 어떤 모습으로 기억되고 싶은가. 세상에 아름다운 이별이란 없다지만, 지나간 연인에게 좋은 사람으로 기억되고 싶은 것이 이별을 앞둔 모든 사람의 욕심이다. 사랑은 그 다양한 형태만큼이나 시시각각으로 변하여 예측할 수 없는 상황을 만든다. 그 상황에 이별이 포함된다.

사기 연애나 불륜, 데이트 폭력과 같은 극단적인 예시를 제외하고 대부분 이별의 책임은 당사자에게 있다. 그러나 이별 앞에서 당사자는 객관적일 수 없다. 숨 막히고 절망뿐인 이별의 상처를 극복하는 방법으로 흔히 상대방을 비난하는 방법을 택한다. '저 사람이 못나고 좋지 않은 사람이기 때문에 내가 상처받은 거야.' '내가 저 사람 때문에 시간과 감정을 낭비했어.'와 같은 말로 타인을 비난하며 자신의 상처를 극복하려는 시도를 보여준다. 내가 사랑했던 그 사람을 아주 부정적이고 불결한 사람으로 규정짓는 것이다.

그렇다면 사랑에 있어 좋은 사람과 나쁜 사람을 구분하는 기준은 뭘까. 좋은 사람과 나쁜 사람은 타고나는 것일까, 만들어지는 것일까. 사랑에 좋은 사람은 모든 부분에서 좋은 사람인가.

스턴버그가 주장한 사랑의 삼각형 이론을 이용해 좋은 사람에 속하는 임의의 연인을 만들어보자. 그가 주장한 사랑의 세 가지 구성 요소는 '친밀감', '열정', '결정과 헌신'이다. 그렇다면 이러한 사람과의 연애는 끝나지 않고 영원히 달콤할 수 있을까. 철학자 쇼펜하우어는 사랑에 관해 이런 말을 남겼다.

"인간은 불완전하며 항상 불행에 빠져있다. 그러므로 자신의 불완전함을 보완하려는 욕구가 있다. 불완전함은 불안과 위험을 동시에 초래하기 때문이다. 불완전함을 완전함으로 바꾸려는 시도는 사랑의 아름다운 목적이기도 하다."

완벽한 이상형과 사랑에 빠지는 이는 흔치 않다. 그런 사랑을 경험하더라도 그 끝이 존재하지 않을 거란 보장도 없다. 우리는 누군가에게 좋은 사람으로 기억되기보다 나쁜 사람으로 기억된 경험이 더 많을 것이다. 그 미숙하고 불완전한 연애 속에서 새로운 가치를 찾아 다시 찾아온 사랑에서 좋은 사람으로 기억되기 위한 사랑을 한다. 그 과정에서 누군가에게는 나쁜 사람으로 기억될 것이고, 다시 누군가에게는 좋은 사람으로 기억되는 과정을 반복할 것이다.

좋은 사람과 나쁜 사람. 그 기준을 나누는 것이 무슨 의미가 있을까. 우리는 누구나 불완전하며 완전함에 다가가기 위해 사랑을 한다. 사랑에 타고난 사람도, 좋은 사람으로 기억되기 위한 바이블도 존재하지 않는다. 지난 사랑에서 자신이 어떻게 기억되든 간에 상관없이 새로운 사랑을 찾는다. 우리의 불완전함을 보완하려는 욕구가 사랑을 그만두지 못하게 만들 뿐이다.

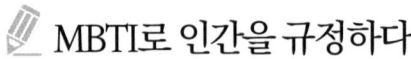 MBTI로 인간을 규정하다

"모든 그리스 사람들은 같은 하늘 밑에서 생활하며 같은 교육을 받는데 왜 성격의 차이가 생기는가?"

그리스의 철학자 데오프라터스가 제기한 의문이다. 이미 오래 전부터 인간은 개인의 성격과 개성을 나누고 어떠한 이름으로 규정짓기를 원했다. 고대에서 시작된 별자리 신화와 사주 명리는 오늘날에도 인기 있는 '심리분석학'이다. 근대 사회에 접어들면서 혈액형에 따른 성격 구분이 큰 번영을 이루었고, 너도나도 혈액형을 언급하며 타인의 개성을 추측하였다.

오늘날에는 16종의 유형별로 성격을 판단하는 'MBTI 검사'가 필수적인 성격 테스트로 자리 잡았다.
MBTI 검사란 성격 이론의 일종으로 스위스 심리학자 칼 융이 개발했다. 그는 심리 검사가 일상생활에서 유용하게 접근할 수 있도록 유도하였으며, 인간 행동의 다양성이 종잡을 수 없는 것 같아도 일관된 경향으로 정리할 수 있다는 생각이 있었다.

간단하게 MBTI를 설명하자면, 외향성(E)과 내향성(I)을 나타내는 '성향', 감각적 인식(S)과 직관적 인식(N)을 구분하는 '인식', 사고적 판단(T)과 감정적 판단(F)을 규정하는 '판단', 판단적 태도(J)와 인식적 태도(P)로 분리할 수 있는 '태도'로 나뉘어 있다. 이 대립하는 4쌍, 8가지 지표로 인간의 성격을 규정하였다.

MBTI 검사가 큰 인기를 끌게 된 것은 그 거창한 이름도 한몫을 했다. 이를테면 INTP 유형은 '논리적인 사색가', ENTP는 '격렬한 논쟁을 즐기는 변론가', INFP는 '열정적인 중재자' 등 유형별로 제법 멋들어지는 이름을 소유하고 있었다.

부실한 기초이론과 16가지 유형의 가짓수를 이유로 하는 비판도 존재한다. 그러나 아직 우리에게 MBTI 성격 유형 검사가 큰 인기를 끌고 있는 현실을 부정할 수는 없다.

우리는 언제나 스스로가 어떤 존재인지 규정하고 싶어 한다. 그것은 우리에게 심리적 안정감을 줄 수 있지만, 반대로 나는 이런 사람이라며 스스로 만든 울타리에 자신을 가둘 수도 있다. 소심해 보이는 사람을 자신도 모르게 A형이라고 추측한다. 나쁜 남자? 하면 떠오르는 B형의 이미지도 우리에게 너무 익숙하다.

❖ 왜 규정하려 하는가?

왜 우리는 자신의 성격과 개성을 구분 지으려 하는가. 인간의 근원적인 '불안함'에 기인하기 때문은 아닐까.

철학자 하이데거는 존재에 대해

"그 자신에게 넘겨진 가능 존재이며, 철저하게 세상에 내던져진 가능성."

이라고 표현했다. 인간은 자유를 갈망하지만, 자유 앞에 무력하다. 누구나 이상적인 목표와 성공의 지표를 높게 설정한다. 그러나 그 이상향은 현실에 부딪혀 흐려지고, 근처에도 가보지 못한 채 현재에 안주한다. 누구나 내게 주어진 가능성을 실현하지 못하는 경우가 대부분이다. 앞서 살펴본 고매함과 이상형에 관한 얘기도 이와 비슷한 맥락이다.

그리하여 인간은 안주할 곳을 찾는다. 어딘가에 소속되어 핑곗거리를 만들고 싶어 한다. 그 도피처가 바로 '규정'과 '유형'이다.

내 개성과 성격을 규정지으면서 안도감을 느낀다. 나와 비슷한 사람이 존재한다는 것을 깨닫고, 나의 한계점과 강점이 나열된 것을 확인하며 자신의 한계 또한 단정 지어버린다. 가능성에 대한 자신의 노력이 부족했다는 것을 인정하기보단, 규정되어 있는 자신의 성격에 긍정하기가 더 쉽기 때문이다.

선인과 악인을 구분하는 것도, 좋은 연인과 쓰레기를 구분하려는 것도 이러한 시도의 일환이다. 그러나 절대적인 악함과 선함은 없으며, 모든 것은 상대에 따라 다르게 나타나는 나의 모습일 뿐이다. 좋은 연인이 가진 MBTI 유형과 바람둥이가 가진 MBTI 유형이 정형화되어 있지 않은 것도 같은 예시다.

심리학에 기반한 성격검사라 한들, 그 환경과 순간의 영향을 많이 받는다. 매일 같은 검사 결과가 나오는 것이 아니라, 주변 환경과 분위기에 따라 변화한다. 그러나 대부분 그런 가변성에 관한 생각을 닫아버린다.

악한 자와 선한 자로 구분할 수 없는 사람의 성질이 4가지 혈액형으로 구분된다는 것은 억지다. 그 가짓수가 16개로 늘어난다고 해서 규정될 수 있는 것도 아니다. 규정하고 틀에 가두려는 생각에서 벗어나야 한다. 실존의 삶으로부터 도망치고 싶다고 나와 타인의 삶을 규정짓는 것은 그릇된 행동이다. 성격 유형 검사와 혈액형, 사주 명리와 별자리 모두 한순간의 유희로 넘기는 태도가 필요하다. 몇 개의 문장으로 정리될 만큼 당신의 삶은 작지 않다.

선악이 정해진 인간은 없다

정신분석학자이자 MBTI 검사의 창시자 칼 융은 분석심리학을 창시하며 무의식에 대한 다양한 견해를 밝혔다. '개성화'라는 개념을 통해 자아가 무의식을 인식하고 그것을 발전시키는 과정이 자기실현의 핵심 가치라고 밝혔다. 그가 주장한 그림자 이론에서도 개성화의 과정이 중시되는데, 개성화 단계의 첫 번째로 무의식의 열등한 부분이 의식에게 거절당하고 통제당한 것을 그림자의 형태에 비유했다. 창조적이고 고유한 개성의 인격체가 되려면 무의식을 외면하지 않아야 한다고 주장했다.

그러나 인간은 자신이 부정적이라고 생각하는 것이 나의 일부라는 사실을 받아들이지 못한다. 자신 뒤에 항상 존재하는 그림자를 부정하는 것이다. 그의 주장에 따르면, 천국과 지옥, 선인과 악인, 흥부와 놀부, 추악한 자와 고귀한 자와 같이 설화나 신화에서 대비적으로 나타나는 등장인물은 인간의 선함과 악함, 추함과 고결함을 의미하므로 그림자를 반영하고 있다고 말한다.

누구에게나 양면성이 있고 마음속에 추악한 부분이 있으며, 그림자가 이 추악한 영역을 담당하고 있다. 이 추악한 영역을 통제하고 압박하는 것이 중요하다고 가르치는 철학도 존재한다. 그러나 융은 인간이 이 내면의 그림자를 인식함으로써 진정한 자기를 인식할 수 있으며, 양면성의 긍정이야말로 개성화 과정을 통한 창조적 사고를 가능케 한다고 보았다.

칼 구스타프 융
1875.7.26. ~ 1961.6.6.

그림자를 인식할 때 비로소 양면성이 발견된다. 뛰어난 예술가는 고독한 사색을 두려워하지 않고 자신의 내면을 들여다보는 것에 익숙하다. 규정된 자신의 모습을 깨고 진정한 나와 마주할 때 시대를 흔드는 작품이 탄생하기 마련이다. 인간의 양면성과 다양성은 매우 급한 사회 속 인간의 정체성을 파악하는 중요한 기준이 되어준다. 삶에서의 성공과 세속적인 가치, 가치관과 편견, 선과 악 등은 과거부터 이어진 공통적인 주제이며 타인의 강요에 억압된 그림자의 영역이다.

결론적으로 선과 악은 완전히 구분되어 존재하는 것이 아니다. 누구나 자신의 그림자를 품고 살아가며 다양한 상황과 환경에 따라 드러나는 모습의 집합일 뿐이다. 타인을 바라볼 때도, 나 자신을 들여다볼 때도 치우치지 않는 시각을 유지하는 것은 매우 중요한 일이다.

02

강함과 약함은 거울의 양면

✎ 외유내강, 외강내유

세상에는 다양한 직업이 있다. 방송계에서 근무하는 사람, 공무원, 은행원, 초등학교 교사, 언론사, 연구원, 대학의 교수까지. 대중매체의 발달로 점점 더 많고 세부적인 직업이 생겨나고 있다. 평생 직업이라는 개념보다는 두세 번 정도 직업을 옮기고 정착하는 것이 일반적인 직장인의 모습이다.

그러나 직업에 따라 내가 써야 하는 가면은 달라지기 마련이다. 직위와 업무의 종류에 따라 나의 언행이 달라져야 하는 것은 물론, 직종 별로 사내 처세술도 제각기 다르다. 공무원과 높은 직급의 상사는 상황에 맞춰 외유내강이나 외강내유의 모습을 갖춰야 할 것이다. 아랫사람을 다룰 때는 한없이 유하되, 강한 지도력도 있어야 하고, 자신의 신념을 지켜야 할 때는 타협 없이 강한 모습을 보여줘야 할 것이다.

외유내강의 뜻은 이미 우리에게 너무 익숙하여 하나의 명사로 자리 잡은 한자성어다. 그 뜻을 영어로 바꾸어도 해석에 큰 무리가 없다.

"An iron hand in a velvet glove." 즉, 비단 장갑 속에 든 강철 주먹이라는 뜻이다.

외유내강에 잘 비유되는 동물은 단연 '산양'일 것이다. 초롱초롱한 눈망울에 그 작은 몸짓은 유순해 보이지만, 머리에 달린 뿔은 날카로우며 자신을 지키는 데 아끼지 않는다. 한 번의 실수가 죽음으로 연결되는 아슬아슬한 바위 절벽 산행은 또 어떤가. 유순한 초식동물임에도 바위가 있는 험한 산림지대를 절대 두려워하지 않는다.

산양과 같은 사람을 주위에서 찾아볼 수 있다. 그들은 평소에 온화하고 화합을 중시하는 선량한 사람이다. 소득 없는 논쟁과 싸움을 피하고 모두에게 부드러운 성품의 소유자다. 그러나 자신이 옳다고 생각하는 것에 대한 고집은 꺾을 수 없을 것이며, 신념을 지키는 데 필요하다면 불필요한 것들을 과감히 내칠 수 있는 행동력도 지녔다. 평소에는 사람 좋고 답답하다는 소리를 듣던 사람이 보여주는 그 과감성에 놀랄 때도 많다.

외유내강이 산양에 비유된다면, 외강내유는 복서에 비유될 수 있을 것이다. 핵 펀치로 시대를 풍미했던 타이슨은 그 거친 행보와는 다르게 매우 유약한 유년 시절을 보냈다. 태어나서 처음으로 싸움을 걸게 된 계기가 그가 키우던 비둘기를 갱에게 도둑맞았을 때라고 한다.

피가 난무하는 사각의 링에서 상대를 쓰러뜨리기 위해 고군분투하는 복서 대부분은 그 거친 모습과는 다르게 마음이 여린 경우가 많다. 살벌한 싸움이 끝나고 난 뒤 웃으며 상대를 안아주는 모습을 본 기억이 많을 것이다.

우리 모두는 복합적이다

난폭한 복서는 무식하며, 초식동물 산양은 유약하다는 판단보다 더 큰 착각은 없다. 맹수도 올라올 수 없는 위험한 바위산을 겁내지 않는 산양은 뜨거운 용기를 갖고 있다. 한순간을 위해 자신의 욕구를 극한까지 절제하는 복서의 모습은 눈물 날 정도로 처절하며, 승패에 상관없이 상대를 안아줄 수 있는 따뜻한 포용력까지 갖췄다.

단편적인 모습으로 사람을 판단하는 것은 어리석은 일이다. 영화와 만화에서도 입체적인 캐릭터가 단편적인 캐릭터보다 애정이 가는 법이다. 재미있게도 타인으로부터 나의 선입견과는 다른 모습을 발견할 때 매력을 느끼고 흥미를 갖는 계기가 된다.

강한 엄마

 아버지는 강하다. 어머니는 강한 아버지를 위해 내조하는 사람이다. 이것은 근대 사회로 발전하면서부터 가장의 권위와 가족의 질서 유지를 위해 사회가 강요한 프레임이다. 가장의 권위 회복과 가정으로부터 시작되는 질서의 유지가 곧 사회에 이바지하는 것이라는 인식이 있었다.

 그렇다면 정말 어머니는 유하고, 아버지는 강한 모습만 갖고 있을까? 불과 수십 년 전만 하더라도 가정 유지의 핵심은 아버지였다. 아버지가 금전 활동을 하는 것이 그 이유다. 육아와 사회생활은 결코 합쳐질 수 없었고, 아버지가 돈을 버는 동안 어머니는 육아와 가사 노동과 같은 일을 전담해야 했다. 자연스럽게 가정에서 목소리를 내는 주인공은 아버지가 되었고, 어머니는 조용하게 주연을 보조하는 조연의 역할을 한 것이다.
 우리나라뿐만 아니라 대부분의 나라에서 어머니는 약하다는 인식을 갖고 있다. 남성과 여성의 육체적인 차이, 사회의 인식과 같은 것들이 이러한 프레임을 만들었다.

"여자는 약하고, 어머니는 강하다."

셰익스피어가 남긴 말이다. '자신'을 가꾸던 여성이 '자식'을 가꾸고, 작은 바람에도 일렁이던 마음이 강한 태풍에도 견딜 수 있게 변모한다. 여자는 젊고 한때 곱지만, 어머니는 영원히 아름답다.

여성이 어머니가 되었을 때 나타나는 정신적인 변화는 상당하다. 자식을 품에서 기르며 전에는 하지 못했던 일을 할 수 있게 해주고 보지 못했던 것에 집중할 수 있게 해준다. 어머니가 되어가는 과정을 통해 점점 강인한 여성으로 발전한다. 자식을 위한 희생정신과 사랑은 아버지와 동등하거나 어쩌면 그 이상일 수도 있다.

❖ 정신적으로, 육체적으로

정신적으로 어머니는 나약하지 않다. 그렇다면 육체적으로는 어떨까. 평범한 엄마가 자동차를 들어 올리는 것은 만화에서나 나올법한 이야기다. 그러나 실제로 벌어진 사건이다.

1982년 안젤라 카발로의 아들 토니는 자동차를 수리하던 도중에 트럭 바퀴

집에 깔렸다. 놀란 그는 소리를 질렀고, 안젤라 카발로는 자기 아들이 트럭 밑에 깔린 광경을 마주했다. 그녀는 있는 힘껏 고함을 지르면서 트럭으로 뛰어갔다. 아들을 속박하고 있던 수천 킬로그램의 트럭을 들어 올렸다. 때마침 나온 사람들은 그녀를 도왔고 아들은 무사히 구조되었다.

육체적으로 초인적인 힘을 발휘한 어머니는 곳곳에서 찾아볼 수 있다. 아기를 안고 비상 벽을 맨몸으로 뚫어 화재를 피한 어머니의 기사를 읽은 기억이 있다. 납치당한 딸을 위해 갱단을 추적해 감옥에 보낸 멕시코의 어머니도 빼놓아선 안 될 것이다. 헤엄칠 줄 모르는 엄마가 자식을 위해 망설임 없이 바다로 뛰어 들어가 그들을 구해내는 모습을 나약하다고 말할 수 있을까.

학자들은 이러한 현상을 과학적으로 분석했다. 전문가들은 인간이 심리적으로 강한 압박을 받으면 아드레날린이 근육 속 수용체와 결합해 단백질 액틴과 미오신이 급속도로 생성된다고 밝혔다. 또한 호흡수와 혈압의 상승이 심장을 빠르게 뛰도록 만드는 역할도 수행한다고 했다.

운동 생리학자 윌리엄 크레머 교수는 이런 조건이 선행된다면 인간은 평소보다 5~15% 강해질 수 있다고 말했다. 강해지는 정도는 개인마다 다르겠지만, 특정한 상황에서는 인체가 자신을 보호하기 위해 정해놓은 한계치를 뛰어넘을 수도 있다는 사실을 강조했다.

그들이 모두 거친 삶을 살아온 것은 아니었다. 그들은 그저 평범한 여성이었으며 누군가의 어머니일 뿐이었다. 어머니는 본래 약한 것이 아니라, 자식이 안심할 수 있도록 강한 모습보단 약한 모습을 더 보여주는 것이 아닐까. 소중한 것이 위험에 처한다면 그들은 충분히 강해질 수 있다. 트럭을 들어 올리고, 아이를 안고 벽을 향해 돌진하며, 바닷속으로 뛰어 들어가는 그녀들의 모습에서 용암처럼 끓어오르는 에너지가 느껴진다.

📝 아버지의 뒷모습

강함의 이면에 약함이 있다. 아버지가 작아 보일 때 자식은 많은 생각이 든다. 유년의 기억 속에 존재하는 아버지의 모습을 떠올리기에 그렇다. 조금은 과묵해도 그 커다란 등이 기억날 것이다. 술에 취해 인사불성이 되어도 집에서는 눈물 한 방울 보인 적 없는 것이 우리 세대 아버지들의 특징이다. 지금에야 가정 내 아버지의 역할에 많은 변화가 있어 부모와 자식 간의 거리가 좁혀졌다지만, 과거에는 그렇지 않았다. 그들은 언제나 강해야 했으며, 눈물을 보이는 것은 허용되지 않았다.

어머니가 유순함을 연기하듯이, 아버지도 강함을 연기했던 것은 아닐까. 강한 아버지와 흔들리지 않는 가장은 도대체 누가 다 만들어놓은 기준인가.

한국 특유의 유교 문화가 아버지를 벼랑 끝으로 몰아간다. 가장은 체면이 중시되기 때문에 자기 생각과 감정을 쉽게 드러내서는 안 된다. 가정에서 모범이 되어야 한다는 사회의 분위기도 한몫 했을 것이다. 아버지들은 언제나 강해야 한다는 강박에 사로잡혔다. 이러한 모습들이 결국 자신을 외롭게 만든다는 사실도 모른 채로 살아온 것이다. 강함 이면에는 약함이 존재한다는 사실을 무의식적으로 거부한 것이다. 그러나 시간이 흐를수록 숨겨진 약함이 드러나기 마련이다. 육체적으로든 정신적으로든 약한 모습이 발현되고 아버지는 혼란스러워한다. 아버지가 약해졌다고 생각할 때, 작아졌다고 생각할 때, 자식과 부모의 역할이 역전된다.

우리는 병원에서 태어났다. 그 자리를 아버지가 지켰을 것이다. 건들면 부서질 것 같은 작은 손을 가만히 지켜보았을 것이다. 늙으면 병이 들고, 약해지는 것은 자연의 순리다. 이제는 병실에 누워 있는 아버지를 내가 지켜보고 있다. 무슨 이야기를 꺼낼까 고민하며 깊은 생각에 잠긴다.

약한 아버지는 아버지가 아닌가? 그렇게 생각하는 사람은 한 명도 없을 것이다. 내가 그의 나이가 되어보니 깨달은 것이 많을 뿐더러, 누구에게도 티 내지 않고 강함을 유지하려고 노력한 그의 일생에 경외감마저 느껴질 수도 있다. 행여 내가 잘못될까 강한 모습을 유지할 수밖에 없었던 그의 마음을 느낄 수 있으리라. 이제는 내가 그의 입장이 되어 아버지에게 좋은 모습만 보여드리려 하고, 보듬어드리려는 것이 자연스러운 자식의 마음이다.

아이러니하게도 이제는 '강해진' 내가 '강했던' 아버지를 보호하게 되는 것이다.

양지가 있으면 음지가 있다

"Der Vogel kämpft sich aus dem Ei. Das Ei ist die Welt. Wer geboren werden will, muß eine Welt zerstören. Der Vogel fliegt zu Gott. Der Gott heißt Abraxas."

"새는 알에서 나오기 위해 투쟁한다. 알이란 새의 세계다. 누구든 태어나려고 하는 자는 하나의 세계를 파괴하지 않으면 안 된다. 새는 신을 향해 날아간다. 그 신의 이름은 아브락사스다."

헤르만 헤세의 〈데미안〉이 현재까지 칭송받는 소설이 된 이유는 무엇일까. 단지 잘 쓰인 성장 소설인 까닭만은 아닐 것이다. 〈데미안〉은 작가의 자전적인 이야기를 언급하면서도 칼 융의 '자기실현' 철학을 작품 전체에 잘 녹여내었다. 세계에는 선과 악이 공존하고 있다는 사실을 숨기지 않았고, 악한 세계에 두려움과 매력을 동시에 느끼는 입체적인 등장인물을 창조하는 데 성공했다.

헤르만 헤세는 1차 세계대전을 겪으며 불우한 어린 시절을 보냈다. 자신이 직접 "나의 삶이 송두리째 파괴당한 시기"라고 언급할 정도로 그에게 위태로운 시절이었다. 이러한 경험은 그가 융의 심리 분석학에 심취하게 되는 계기를 마련했다. 그는 1차 세계대전과 같은 비극의 원인이 외부에 있는 것이 아니라 자기 내부에 있다고 인식했다. 개인 안에는 고귀하며 아름다운 빛이 존재함과 동시에 모든 혼란과 사악한 어둠도 내재하여 있다는 판단을 내렸다. 이때 작성된 원고가 바로 〈데미안〉이다.

헤르만 헤세는 〈데미안〉을 포함한 자신의 작품에서 흔히 '자기실현'을 중요한 주제로 사용했다. 자기실현 과정에서도 빛과 어둠처럼 서로 대립하는 것들의 극복을 강조했다. 그에게 인간이란 대립하고 있는 두 개의 세계에서 괴로워하는 존재였다. 그것을 조화롭게 통일하는 방법이 곧 자기실현이라 생각했다.

〈데미안〉에서 두 세계는 선과 악을 상징한다. 주인공 싱클레어의 의식에는 밝은 세계와 어두운 세계가 존재하고 있었고, 주인공의 자기실현 과정이 대립하고 있는 선과 악의 극복이었다. 사회의 강요와 가정에서의 교육으로 인해 싱클레어는 빛의 세계에 몸을 담고 있었다. 그러나 어두운 세계에도 강한 호기심과 매력을 느끼고 있었던 싱클레어는 필연적으로 혼란함을 경험할 수밖에 없었다. 비도덕적인 것과 도덕적인 것은 서로 결합할 수 없다고 학교와 가정에서 배웠기 때문이다.

암흑세계와의 만남은 그의 불량배 친구 크로머와의 만남으로 시작된다. 무의식에 숨겨진 부정적인 자아를 상징하는 그림자가 크로머의 모습으로 해석될 수 있다. 자아는 비도덕적인 그림자의 존재를 부정한다고 설명한 바 있다. 그렇기에 싱클레어는 크로머와의 만남에 있어 큰 고통을 느낀다. 그러나 이 만남은 자기실현의 한 과정이며 도덕적 규범들 사이에서의 고민을 야기한다. 흑백 논리와 이분법적인 생각에서 벗어나기 위한 과정은 언제나 고통스러운 법이다.

헤르만헤세
1877.7.2. ~ 1962.8.9.

크로머와 겪는 갈등에서 데미안이 등장한다. 그는 싱클레어에게 지대한 영향을 미친다. 작중 데미안이 싱클레어에게 해주는 이야기는 독자들에게도 생각할 여지를 선사한다. 데미안은 카인과 아벨 설화를 통해 종교의 전통적인 가치관을 비판한다. 데미안은 인류 최초의 살인자 카인이 동생을 살해한 살인자가 아니라 용기 있는 자일 수도 있다는 충격적인 의견을 제시한다.

데미안을 통해 자신에게 내재되어 있는 어두운 세계를 인식하게 된 싱클레어는 다시 밝은 세계로 돌아와 불안해하고 방황하는 모습을 보인다. 방황 속에 성욕이라는 다른 암흑이 찾아온다. 이번에 찾아온 어둠은 크로머가 보여주었던 외부 세계에서 기인한 어두움이 아니었다. 성욕은 싱클레어 자신에게서 나온 추악함이었고 싱클레어는 다시 한번 혼란 속에 빠진다.

혼란에 빠진 싱클레어에게 데미안은 자신에게 내재한 양면성을 이해하라는 말을 해준다. 신을 숭배하는 것처럼 악마도 숭배되어야 할 여지가 있다며 이해하기 힘든 말로 자신의 주장을 뒷받침한다. 빛과 결별하고 어두움을 받아들이는 것은 그동안 최고선이라 생각했던 빛의 세계와의 결별을 뜻했다. 그것은 유년 시절과의 이별로도 해석될 수 있다.

싱클레어는 술집을 전전하며 부패한 생활을 한다. 그러나 이것 역시 그를 구원하지 못했고, 깊은 외로움과 방황을 얻는다. 그러나 이 고독과 방황이 곧 자신이 자기실현에 이를 수 있는 시작이라는 것을 깨닫는다. 그리하여 빛의 세계를 표상하는 여인 베아트리체에게 깊은 관심을 보인다. 이때 데미안은 싱클레어에게 편지를 남긴다. 그 편지의 내용이 바로 알을 깨고 세상 밖으로 나오는 새 이야기다.

싱클레어는 또 다른 국면을 맞이한다. 새로운 세계로 나가기 위해 내부에 있는 어두움을 빛과 결합해야 한다는 과제가 주어진 것이다. 알을 깬다는 것은 하나의 세계가 무너짐을 의미하는 것이 아니다. 그것은 내면의 세계와 또 다른 세계의 결합을 의미했다.

〈데미안〉이 성장 소설로 분류되는 이유는 인간이 되는 과정을 내포하기 때문은 아닐까. 성장한다는 것은 기존의 법칙인 빛과 어둠의 대립을 극복해 삶에 대한 책임을 지려는 용기 있는 인간이 되려고 노력하는 것이다. 완전무결한 인간은 존재할 수 없지만, 그 완성에 이르기 위한 과정은 외부의 세계에서 발현하는 것이 아니라 자신의 내부에서 찾아야 한다는 주제의 무게가 무겁다.

양지와 음지는 하나와 같다. 강한 빛이 있으면 그 뒤에 그림자는 더욱더 짙은 법이다. 회화를 그려본 사람은 밝음을 표현하는 데 있어 그 뒤에 어두움을 표현하는 색채가 더 중요하다는 것을 알고 있다.

빛만 가득한 세계는 없다. 어두움이 있어야 빛이 완성된다. 인간이라는 존재도 마찬가지다. 강하고 밝은 면이 내재함과 동시에 어둡고 추악한 부분도 존재한다. 세계와 다른 세계의 결합은 언제나 어지럽고 고통스럽다. 방황과 고독을 반복할 것이다. 하기야 그것이 자라난다는 것일지도 모르겠다.

📝 우리를 억압하는 단편성

최근에 인간의 다양성을 연구하는 데 큰 노력이 기울여지고 있다. 비록 성격 테스트에 국한되더라도, MBTI 검사의 인기와 휴대전화 앱에서도 다양한 심리 칼럼을 접할 수 있는 것이 그 증거다.

우리는 양면성을 토대로 강함과 약함, 선함과 악함, 빛과 어둠 등의 문제를 제멋대로 규정짓지 않을 수 있어야 한다. 현대 사회의 문제점은 고도의 산업화를 추구하는 거대한 집단 속에서 개인이 자기 고유의 개성을 상실한다는 점이다. 잣대를 들이밀며 위태로운 편 가르기에 익숙한 사회다. '이런 태도를 고수하면 선인, 이런 견해를 대변하면 악인'이라는 갈등이 끊이지 않고 있다.

개인의 성격과 개성이 집단의식에 매몰되어서는 안 된다. 사회가 혼란한 까닭은 사회를 구성하고 있는 개인의 내면과도 관련 있다. 이러한 문제점을 해결하기 위해서는 자신의 개성과 성격을 깨닫고 다양성을 인정하려는 자세가 요구된다.

강함과 약함은 등을 맞대고 있는 하나의 결속 관계라는 사실을 잊어서는 안

될 것이다. 이 두 개의 가치는 우리에게 단서를 제공하고 있다. 어떻게 하면 치우쳐진 가치관을 벗어나고 맹목적인 선입견을 내려놓아 자신의 개성 넘치는 삶을 살아갈 수 있을지에 대한 단서 말이다.

자기로부터 시작되는 혁명은 자신의 결핍과 거리가 가깝다고 한다. 빛과 어둠 그 다양한 속성 속에서 혁명의 부싯돌은 발화하는 법이다. 젊은 날의 나는 그러지 못했지만, 우리 안에 있는 모든 추함과 고결함의 만남은 언제나 아름다워야 한다고 생각하고 있었다.

자식의 달콤한 잠을 위해 밤잠 설치는 어떤 어머니처럼, 강함이 잠들 수 있는 것은 약함이 있기 때문이고, 약함이 존재함으로써 강함이 드러날 수 있는 법이다. 은혜와 사랑만 가득한 낙원이 있다면 얼마나 좋을까. 그러나 현실은 이상과 다를 수밖에 없다.

나이가 성숙함을 의미하진 않는다. 자아를 외면한 채 육체만 자라버린 그 생애는 미성숙하다. 중년에 접어들며 자기실현을 위해 없는 힘을 짜낼 수밖에 없는 이유가 여기에 있다. '하루'는 낮과 밤으로만 이루어졌다는 생각에서 황혼을 생각해내고 나아가 동이 트기 전이 가장 어둡다는 아이러니를 깨닫게 된다.

칠흑 같은 어둠이 깔린 동굴을 부싯돌 하나로 헤쳐나가는 사람이 있는가 하면 심지가 곧은 실에 커다란 불꽃을 피워 앞길을 당당히 개척해나가는 사람도 있다. 어둠이 두려워 그 길을 극복하지 못하는 사람은 한 생애를 온전하게 감당하지 못한다.

달콤한 향기가 나는 꽃의 궁전도 밤이면 그 색깔을 잃는다. 고소한 버터 냄새가 가득한 그 대궐도 겨울이면 시들고 악취를 풍길 것이다. 침이 없는 벌떼는 그 종을 존속할 수 없다. 날카로운 침을 통해 자신을 지키기 위해 투쟁하고, 그 작은 날개로 달콤함을 찾는 생애가 아름답다. 차가울 것 같은 수영장에 온수가 나오고, 클래식이 흐르는 공중화장실에서는 악취가 나는 것처럼, 알 수 없고 대립하는 가치가 혼합된 것이 우리가 사는 세상이다.

만일 우리가 정말로 세상을 알고 싶다면, 우리는 우리의 본성과 욕구를 철저하게 탐구할 것이다. 알고 싶은 것은 결국 알아낼 것이다. 탐구와 이해가 선행되는 과정에서 대립하는 감정들의 충돌은 별로 중요한 것이 아니다.

비로소 우리는 비난과 억압에서 벗어나며 우리의 사고와 욕망의 모든 움직임을 관조할 수 있으리라. 약함도 강함도 선함도 악함도 중요하지 않을 것이다. 그때 우리는 전에는 느껴보지 못한 정적을 얻게 된다. 이 정적이란 성경이나 자기계발서에 쓰인 인위적인 평화가 아닌 모순을 인정함으로써 얻게 되는 진정한 정적이다.

그것은 바람이 불지 않는 저녁 호수와 같다. 정신이 가라앉았을 때, 새로운 세계가 열린다. 알을 깨는 것은 파괴만을 의미하지 않는다. 이해를 통한 결합과 조화 또한 새로운 혁명이자 탈피의 방법임을 잊지 않았으면 좋겠다.

03
이중인격자를 비난 말라!
- 우리는 모두 다중인격자다 -

 사랑이 어떻게 변하니?

"누군가와 만나고 헤어져 본 사람이라면 이 영화를 보고 정말 내 얘기라며 고개를 끄덕거렸을 것이다. 그게 상우의 입장이든 은수의 입장이든. 영화 <봄날은 간다>는 사랑이 변하는 과정을 그려내고 있다. 하지만 사랑이 왜 변하는지는 보여주지 않는다."

위의 글은 한 관람객의 평론이다.

"사랑이 어떻게 변하니."

〈봄날은 간다〉는 아직도 건재하는 명대사로 유명하다. 우리는 책과 영화 같은 매체를 통해 사랑을 접하는 것을 즐긴다. 영화 속 주인공에 몰입하는가 하면 자신을 되돌아보는 경험을 하기도 한다. 특히 남녀 간의 뜨거운 사랑은 언제나 인기 있는 소재다. 모두 비슷한 것 같으면서 각기 다른 모습을 가지고 있는 양면성 때문은 아닐까.

사랑은 쉽게 미화된다. 지인에게 자신이 경험한 사랑의 추악한 이면을 숨기고 아름다웠던 추억만을 자랑한다. 그 사람이 변했다며 그를 탓해 자신의 추억을 보정하려는 사람이 있는가 하면, 그때 내가 잘해주지 못해 사랑을 놓쳤다며 과거의 자신을 숭고한 모습으로 위장하는 사람도 있다. 그러나 사랑은 지금 그들의 곁에 없다. 균열이 일고 무언가 변했기에 사랑이 끝난 것인데, 받아들이지 못한다.

남녀의 사랑은 매 순간 다양한 형태로 변한다. 그것은 당사자의 선택에 기인한다. 우정과 사랑, 가족과 사랑, 일과 사랑 등 거시적인 선택의 기로와 저녁 식사와 같은 아주 사소한 선택에 의해서도 사랑은 영향을 받는다. 연애는 달콤하기도 하지만 끝없는 선택을 강요받으며 사랑을 지키려 고민하는 격정의 모습 또한 갖고 있다. 그렇기에 사랑은 유동적이며 관계의 변화는 필연적이다. 이 과정에서 일방이나 쌍방 모두 상처받고 고통의 시간을 겪는다. 사랑 따윈 다시 하지 않는다며 세상과 담을 쌓는 이별의 후폭풍이 시작되는 것이다.

이 폭풍은 누군가를 만나 치유되기도 하고 또 다른 상처를 불러오기도 한다. 사랑은 또 다른 인연으로 맺어져 추억을 쌓고, 그 가운데 좌절하고 실패하면서도 그만두지 못한다.

우리는 누구나 사랑의 단계가 '호기심-인연-사랑-이별'이라는 것을 알고 있다. 그러나 사랑을 다룬 작품 대부분에서는 '인연'과 '사랑'의 단계만을 부각한다. 이는 관객들이 바라는 욕구를 반영한 것이다. 관객은 작품 안에서만이라도 사랑의 만족감을 얻는 것을 원하고, 위로받고 싶어 한다는 것이 그 이유다.

〈봄날은 간다〉가 우리에게 깊은 여운을 줄 수 있는 것은 '이별'의 단계에서 끝을 맺기 때문이 아닐까. 담담히 변화하는 사랑의 모습을 포착했고, 사랑이 변하는 이유를 설명하지 않았다. 사랑은 필연적으로 변한다는 메시지를 효과적으로 전달한 것이다.

극 중 두 연인은 사랑에 큰 장애물이 없는데도 이별을 결심한다. 그들이 이별하는 이유는 영화 속에 드러나 있지 않다. 감독은 사랑이란 결국 변하는 것이며, 그 이유는 외부 세계가 아닌 개인 내면에서 비롯된 것이라는 자신의 철학을 등장인물에 반영했다.

변화하는 사랑이 꼭 나쁜 것일까. 잘 모르겠다. 그러나 예부터 인간은 사랑의 양면성과 가변성을 두려워했다. 정조와 지조를 강조한 여러 설화와 간통과 불륜에 대한 원천적인 분노가 그 증거다. 가변성과 양면성 또한 사랑의 한 부분인 것을 인식하지 못한다면 다음 사랑에도 또 다음 사랑에도 실패할 가능성이 크다.

사랑의 양면성은 환경적인 것, 시간적인 것, 심리적인 것에서 드러난다. 영화 속 주인공들의 이별을 통해 사랑의 다양한 모습을 인정하고 담담히 이별을 받아들이는 자세가 중요하다는 것을 알 수 있다.

인간의 마음은 하루에도 수십 번씩 변화하는데 사랑은 언제나 같은 모습이어야 한다는 바람은 큰 역설이다. 변함이 없다는 보장은 오히려 익숙함과 무뎌짐을 낳고 더 빠른 이별을 야기할 것이다. 정강이까지 내려오는 코트가 예뻐 보이다가도 어느 순간 거들떠보지도 않는 순간이 있다. 익숙해진다면 새로운 것을 찾는 것이 인간의 마음이자 본질이다. 변화는 그 말이 주는 뜻처럼 부정적인 것만은 아니다. 그건 사랑도 사람도 마찬가지다.

거듭 강조하지만 사랑은 결혼이라는 제도와는 달리 그 형태가 분명하지 않다. 자신의 마음속에 있는 생각과 사상을 공유하면서 나의 다양성만큼이나 사랑도 다양한 형태를 보이고 있다는 시각을 유연하게 활용해야 한다. 이렇게 사랑과 자신을 하나의 유기체로 비유한 이유는 그것이 가진 속성이 비슷하기 때문이다. 사랑은 형태를 다루는 것으로, 자신을 이해하는 것과 그 맥락을 같이한다. 이러한 과정을 통해 사랑과 나의 변화과정을 확인할 수 있으며 다음 사랑에 대비할 수 있는 의연함 또한 얻을 수 있으리라.

〈봄날은 간다〉에서 나타난 이별의 과정과 현실 속의 이별에 차이점이 있다면 우리가 그 이야기의 결말을 바꿀 수 있다는 것이다. 사랑이 변하는 것에만 신경 써 다른 것들을 놓쳤다면, 사랑의 가변성을 인정함으로써 해결의 실마리를 찾을 수 있을 것이다.

다시 상처받고 싶은 사랑은 없다. 그 마음이 사랑에 대한 두려움으로 나타난다. 상대와 자신을 비교하는 것에서 상처받고 자신감이 모자라는 것은 지난 사랑이 남긴 또 다른 상처다. 그러나 다시 사랑을 시작하는 나 또한 상대방에게는 새로운 사랑의 시작이다. 사랑이 가진 다양한 모습을 파악하고 건강한 사랑을 할 줄 알아야 한다.

 방어기제의 발현

방어기제는 정신분석학에서 인간을 이해하기 위한 수단으로 사용되고 있다. 방어기제를 통해 드러나는 정상적인 사고방식과 비정상적인 사고방식을 설명했다. 그것은 다양한 형태로 드러나는데, 인간의 경험과 생활에서 만나는 욕구와 열등감, 충동, 불안에 대응하여 자신을 보호하려는 심리적인 방어술이다.

방어기제의 4가지 유형을 소개한다.

1. 성숙한 방어기제

성숙한 방어기제란 정신이 건강한 사람에게 발견된다. 성숙한 방어기제를 사용할 줄 아는 이들은 현재의 인간관계에서 뛰어난 감정을 주고받을 수 있으며 친절하고, 건설적이고, 박애정신을 갖고 있다고 평가된다. 타인을 깎아내리기보단 감사의 마음을 전하는 데 더 익숙하다. 또 하나의 특징은 다른 사람의 장점을 선망하며 자기의 단점을 극복하려는 시도를 보여준다. 기대와 희망이 이들의 좌우명이다.

2. 신경성 방어기제

신경성 방어기제는 건강하지만, 스트레스를 가끔 받는 사람에게 발현된다. 신경성 방어기제를 사용하는 사람들은 사소한 변명과 거짓말을 자주 하며, 인간관계에서 소극적인 모습을 보이는 경향이 있다. 자기 의견을 발표하는 것에 두려움을 갖고 있으며 분노를 표출하지 못해 가슴 속에 화가 많다.

3. 미숙한 방어기제

미숙한 방어기제는 고립되고 외롭거나 애정이 결핍된 사람에게 나타난다. 미숙한 방어기제를 사용하는 사람은 인간관계를 두려워한다. 사회적으로 바람직하다고 생각되는 것들을 배척하며 사회관습을 정상적으로 따르지 못하기 때문에 남에게 책임을 전가하거나 비난과 적개심을 갖는다. 인내가 부족해 하던 일을 도중에 그만두는 경우도 많고 친절한 사랑을 베푸는 방법을 모른다.

4. 정신병적 방어기제

정신병적 방어기제는 현실성이 몹시 떨어지고 공상이나 망상을 주로 하는 사람들에게 발현된다. 사람을 두려워해서 지나치게 경계하거나 적개심을 품는다. 방관자에게는 정신병 환자처럼 보이는 것이 이들의 특징이다.

우리는 누구나 방어기제를 갖고 있다. 자존심을 지키려는 것이 인간의 욕구

중 하나기 때문이다. 가변성을 인정하지 않고 비난하며, 고매하고 고고한 가치를 지키려는 시도가 가장 흔한 예시다. 타인에게 숭고하게 보이는 것만을 맹목적으로 추구하면서 자신이 깎아 내려지고 공격받는 것을 극도로 꺼린다. 그러나 이런 것은 비판받지 않기 위한 방어기제의 발현이며, 비겁한 행동이다.

그렇다면 자존심이란 무엇일까.

"다양한 특성에서 자신을 평가하여 나타난 자기 가치에 대한 자신의 감정 또는 관념적으로 가지고 있는 자신의 평가수준."

자존심은 자신을 인정하는 태도임과 동시에 불신의 태도이기도 하며 능력과 성공 보상과 실패에 따라 반응할 수 있는 정신적인 자아를 의미한다. 쉽게 말하자면 자신이 가진 태도를 표시하는 판단력이다.

자존심이 낮은 사람일수록 미성숙한 방어기제를 사용하며 높은 자존심을 지닌 자들은 성숙한 방어기제를 사용하는 법이다. 자존심이 낮은 사람은 높은 사람에 비해 심한 상처를 입고 그 회복 속도가 더디다. 그렇기에 애초부터 상처받고 비난받지 않기 위해 자신의 무의식과는 전혀 엉뚱한 고매한 가치만을 추구하고 그것을 자랑인 양 뽐내기 마련이다.

우리는 누구나 살아가면서 자기의 욕구를 만족시키려 노력한다. 생물학적 욕구부터 다양한 사회적 욕구까지 그 충족을 위해 끊임없이 노력한다. 이러한 노력의 과정을 경험하고 싶지는 않지만, 남들보다 더 뛰어난 사람이 되고 싶은 억지를 우리는 현실과 이상의 괴리감이라 부른다.

이 괴리감은 개인을 무척 고통스럽게 만든다. 그것은 나를 조금씩 깎아 먹는 벌레와 같이 패배감과 무력감을 선사한다. 이 과정을 극복해 내기 위해 건설적인 노력을 기울이는 사람이 있는가 하면 비겁한 태도를 보이는 이들이 있다. 낮은 자존감을 감추기 위해 세속적인 것들과 양면적인 가치를 부정하며 오직 고매한 것에만 목매는 것이 이들의 특징이다.

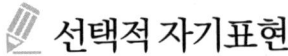 선택적 자기표현

이것을 설명한 이론이 바로 '선택적 자기표현'이다. 이것은 타인에게 나를 알리는 행위로 설명할 수 있다. 그러나 이 과정은 솔직하지 못하다. 자신의 부정적인 모습은 감추고 오직 바람직한 모습만을 보여주기 위해 자신이 가진 정보와 사상을 선택적으로 드러낸다.

약자에게 강하고 강자에게 약한 인물을 본 적 있는가. 사실 우리 사회에서 흔하게 접할 수 있을 것이다. 그것 또한 맹목적으로 비난받아야 하는지는 잘 모르겠다. 본래 인간도 동물이며 문명사회가 이룩되기 전에는 자신보다 강한 동물을 피하고 약한 동물을 잡아먹으며 생존해왔을 것이다. 그러나 이러한 인간의 이중성을 긍정하는 이가 있는가 하면 부정하고 외면하는 이도 존재하는 법이다.

남에게 과시하고 싶은 욕구는 당연하다. 자존심과 자신감을 표출하면서 우월감을 느끼는 것은 인간의 자연스러운 감정이다. 그러나 선행되어야 할 것은 자신 또한 다양한 측면을 갖고 있다는 것을 인정하려는 자세다.

"나는 산속에 들어가 속세와 인연을 끊고 사는 사람을 존경해. 그들은 세속적인 것에서 벗어난 현인들이야. 더러운 것을 피하고자 미련 없이 떠난 거야. 나는 어쩔 수 없이 이곳에 있지만, 언젠가 그처럼 이 세계를 떠날 거야."

"나는 산속에 들어가 속세와 인연을 끊고 사는 사람을 존경해. 그들에게는 세속적인 것보다 더 중요한 것이 있나 봐. 그러나 나는 그처럼 살고 싶지 않아. 나는 돈도 좋아하고 편안함을 추구해. 아마 내가 그처럼 될 수 없어서 그를 존경하는 건가 봐."

방어기제는 누구나 갖고 있다. 우리는 지금 성숙한 방어기제를 펼치고 있는가, 미성숙한 방어기제를 펼치고 있는가. 내가 가진 사상의 우월함만 선택적으로 표출하는 사람은 무의식 중 자존감이 낮다는 사실을 증명하고 있는 것인지도 모른다.

 갑과 을

최근 '갑을관계'가 뜨거운 쟁점이 되고 있다. 사회에서 갑이 을에게 행하는 폭력적인 언어와 행동이 국민을 분노하게 했다. 대기업과 하청업체의 불공정 거래의 강요, 고위 공직자가 젊은 비서를 성추행하고, 대기업의 가족이 항공기 안에서 갑질을 펼치는 사건이 연달아 발생하면서 우리나라에 만연한 갑과 을의 갈등에 대한 목소리가 높아지고 있다.

갑을관계란 거창한 것이 아니다. 그것은 작은 음식점과 미장원에서도 나타날 수 있는 관계다. 경제활동이 시작되며 당사자들을 지칭할 때 등장한 용어가 바로 갑과 을이다. 지칭된 관계를 가장 쉽게 확인할 방법이 바로 계약서다.

계약 당사자는 각각 '갑'과 '을'로 지칭된다. 주로 일감을 주거나 돈을 지급하는 쪽이 '갑'의 위치에 선다. 돈을 받거나 일을 도맡아 하는 쪽이 '을'이 된다. 지칭하는 호칭에서 상대적인 약자와 강자가 정해진다. 갑을관계가 겪는 끊임없는 갈등의 시초인 셈이다.

그렇다면 갑을관계의 갈등이 꼭 나쁜 것인가. 그건 또 아닐 것이다. 흔한 일은 아니지만, 갑과 을의 갈등이 긍정적으로 작용해 조직의 진취적인 성공을 불러일으키는 때도 있다. 마찬가지로 을이 가진 약자의 위치를 이용하여 사회적인 관심을 등에 업고 교묘한 거짓말로 상황의 우위를 점하는 을도 존재한다.

누군가의 위에 오르고 우월감을 느끼고 싶어 하는 것은 인간의 본성이다. 수많은 갑의 횡포에도 계약서에 명시되어 있는 명칭이 바뀌지 않는 이유가 여기에 있는듯하다. 그러나 최근 '을의 저항'이 시작되었다. 갑의 횡포가 도를 지나쳤다며 반기를 들고 일어섰다. 약자인 을을 위한 제도적인 정책을 펼쳐야 한다고 주장했고 '갑을관계'라는 명칭을 없애자는 의견도 나타났다. 지극히 주관적인 생각이지만, 갑을관계라는 명칭은 완전히 사라지지 않을 것이다. 그것이 인간의 본성을 명확하게 나타내고 있기 때문이다.

상대적으로 을보다 높은 위치에 서 있는 갑은 상대에게 의도적으로 굴욕이나 무력감을 선사하는 경우가 많다. 내 앞에서 무릎을 꿇고 사과하라는 것이 가장 흔한 예시다. 이에 따를 수밖에 없는 을은 그 무력감에 못 이겨 부정적인 감정이 마음에 쌓일 수밖에 없다. 갑질에 적응하면서 을은 자신이 갑보다 훨씬 더 열등한 존재라는 것을 인정한다. 이 과정에서 자존심이 크게 낮아지고, 이런 일이 반복될 것이라는 불안감에 떨며 살아간다.

갑을관계는 반복되고 을은 손상된 자신의 자존심을 보상받기를 원한다. 그 대상으로 자신보다 더 낮은 지위에 있는 또 다른 을을 찾고 그에게 화풀이한다. 이것이 소위 말하는 '갑질의 악순환'이다.

굴욕적인 갑질을 경험한 을의 마음에는 분노가 쌓이고 이것을 갑에게 푼다면 보복성 불이익을 받을 것은 뻔한 일이다. 그렇기에 분노를 분노의 대상자에게 표출하지 못한다. 이러한 분노는 다른 관계에서 자신보다 낮은 위치에 있는 약자를 대상으로 표출된다. 다양한 해석이 있겠지만, 자기가 받은 모욕을 똑같이 되돌려주려는 심리가 아닐까.

한 가지 재미있는 사실은, 을의 위치에 있던 자가 어느 곳에서는 갑의 위치에서 갑질을 하고, 갑이었던 사람이 을의 자리로 내려오게 되면 그 태도가 변한다는 점이다.

❖ 갈등 관계

갑과 을의 갈등은 그 오랜 역사만큼이나 숙명적이다. 갈등의 사전적 의미를 소개한다.

"갈등이란, 칡 갈(葛) 자에 등나무 등(藤) 자로 이루어진 단어다. 칡과 등

나무라는 뜻으로 일이나 사정이 서로 복잡하게 뒤얽혀 화합하지 못함
의 비유다."

칡과 등나무가 서로 복잡하게 얽힌 것이 갈등의 비유다. 갑을관계의 갈등이 끊임없는 이유는 그 자체가 다양한 모습의 인간처럼 복잡한 사정으로 얽혀있기 때문은 아닐까. 갈등은 인간의 역사에서 반복되어온 자연스러운 현상이다. 크고 작은 갈등을 해결해나가는 것이 삶 그 자체가 아닐까.

미국의 유명 경영학자 피터 드러커는 생산성 향상을 위한 전략적인 갈등 관리가 기업의 필수적인 요소라고 말했다. 갈등은 갑과 을의 관계가 보여주는 예시와 같이 부정적인 측면을 지니고 있지만, 발전으로 향하는 원동력의 모습도 갖고 있기 때문이다.

갑을관계의 종식은 곧 발전의 종식이 될 수도 있다. 갑의 위치에 서고 싶은 인간의 욕망을 자연스럽게 받아들이는 자세가 중요하다. 그것은 으레 나쁘게 묘사되지만, 갑의 위치를 어떻게 이용하냐에 따라 긍정적인 방향으로 나아갈 수도 있다.

영원한 갑은 없다. 영원한 을도 없다. 갑이 을의 위치로 내려오고 을이 갑의 위치에 오르는 것이 사회적 순환이다. 내가 을이라며 자신감이 결여될 필요도

없고, 갑을 조건 없이 비판할 필요도 없다. 을의 위치가 꼭 도덕적이라는 지표도 없다. 갑을관계는 많은 갈등을 통한 문제를 불러오지만, 근본적으로 부도덕함을 뜻하는 것이 아니기 때문이다. 아파트 입주민인 나도 경비에게는 갑인 사람이다. 그러나 내일 아침 직장에 출근하면 사내에서 을의 처지가 된다. 갑과 을은 하루에도 몇 번씩 역전되는 명칭일 뿐이다.

한낱 명칭보다 중요한 것은 그것을 어떻게 해석하느냐는 우리의 관점이다.

📝 양면성이 아닌 다면성

페르소나의 사전적 정의를 첨부한다.

"페르소나는 심리학의 용어로 개인이 사회생활 속에서 사람들로부터 비난받지 않기 위해 겉으로 드러내는, 자신의 본성과는 다른 태도나 성격을 나타낸다. 사회의 규범과 관습을 내면화한 것이다."

우리는 어느 곳을 가든지 가면을 쓰고 생활한다. 가정에서는 착한 아들과 좋은 부인, 직장에서는 성실한 사원 등과 같은 상황에 맞는 가면을 착용한다. 이것은 사회적 규범 속 관계에 잘 녹아들기 위해 선택한 방법으로 자신의 사고와 행위를 감추는 데 그 의의가 있다. 우리는 이러한 다양한 가면을 페르소나라고 부른다.

페르소나는 개인이 한 집단에 잘 녹아들 수 있도록 도와준다. 좀 더 구체적으로 밝히자면 그것은 온전한 나 자신이 아니고, 다른 사람에게 보이는 또다른 나를 창조해낸 것이다. 실체보다는 허상에 가깝다. 의외로 이런 페르소나가 가식적인 자신의 모습이라며 정신과를 찾는 환자들이 많다. 그러나 페르소나가 허상이라 한들, 다양한 곳에서 다양한 이름으로 불리는 우리가 적응하고 생활하기 위해서는 상황에 맞는 페르소나가 필수적이다.

이러한 양상은 다양한 매체 속 등장인물을 통해서도 확인할 수 있다.

2000년 개봉한 김지운 감독의 〈반칙왕〉 속 캐릭터 임대호는 소시민이다. 어눌하며 사고만 치기 일쑤인 은행원 대호는 직장 상사의 괴롭힘을 견뎌내기 위해 어느 날 허름한 레슬링 도장에 입회 신청한다. 상사의 헤드락을 피할 방법을 알려달라며 애원하던 임대호의 눈에 들어온 것은 바로 반칙왕 울트라 타이거 마스크였다.

임대호는 마스크를 쓴 자신이 경기에서 활약하는 모습을 상상하며 체력적으로, 정신적으로 성숙해진다. 그러나 이 영웅적 페르소나는 그 마스크를 쓸 때만 발현된다. 임대호는 레슬링을 배워나가며 성숙해지지만, 회사에서는 여전히 의기소침한 모습을 보인다. 이것이 극적으로 발현된 장면이 바로 짝사랑하는 직장 동료에게 고백하는 시퀀스다.

임대호는 회사에서 자신이 사용했던 페르소나로는 그녀를 사로잡지 못할 거라는 마음에 경기 때 쓰는 타이거 마스크를 착용하고 그녀에게 고백한다. 그의 영웅적 페르소나를 알지 못했던 그녀는 대호를 술 먹은 사람 취급하며 차갑게 대한다.

마지막 경기에서 임대호는 챔피언을 제법 잘 몰아붙인다. 그러나 한순간의 실수로 가면이 벗겨지고, 다시 소시민적 페르소나로 돌아온 임대호는 챔피언에게 참패한다.

유독 체면치레와 통제를 중요시하는 한국 사회에서는 탈페르소나적 인물이 인기를 끌기도 했다. 영화 〈투캅스〉에 나오는 안성기는 그동안 점잖고 정의롭게 묘사되었던 경찰에서 벗어나 속물적인 비리 형사를 완벽하게 연기해냈다. 〈공공의 적〉에 등장한 강철중 형사는 또 어떤가. 범인은 고사하고 깡패보다 더 깡패 같은 형사를 연기한 설경구를 보며 대중은 크게 열광했다.

어디서든 눈치를 봐야 하고 상하관계가 뚜렷한 페르소나를 강요받은 한국인들에게 이러한 탈페르소나적 주인공은 대리만족의 쾌감을 선물해주었다.

그렇다고 모두가 페르소나를 벗어던진다면 어떻게 될 것인가. 큰 혼란 상태에 빠질 것이다. 아버지로서 마땅히 써야 할 페르소나를 벗어던지고, 어머니에게 주어진 페르소나를 벗어던진다면 그 가정의 말로는 끔찍할 것이다. 기업의 대표가 써야 하는 페르소나가 무너진다면 그 기업은 과연 어떻게 될 것인가. 남자로서의 페르소나를 거부한다면 국방의 의무는 누가 다 져야 하는가. 회사 동료와 이야기를 나눌 때, 십년지기 친구와 수다 떨 때, 동호회 회원을 마주할 때 각각 다른 모습을 보인다. 이것은 인간이 가진 당연한 본질이다.

이것이 페르소나의 긍정적인 부분이다. 면목과 체면, 눈치, 염치, 본분, 도리가 없다면 우리의 세상은 돌아갈 수 없다. 페르소나는 긍정적인 부분과 부정적인 부분을 동시에 갖고 있다. 페르소나가 나의 얼굴과 너무 많이 결합한다면 자신의 영혼을 잠식하기도 하지만, 상황에 따라 써야 하는 가면이 타인에게 좋은 인상을 심어주기도 한다.

우리는 한 가지 모습으로만 살아가지 않는다. 그렇기에 페르소나는 인간에게 주어진 매우 중요한 가치다. 나라는 사람은 아버지이면서 직장에 다니면서 취미활동을 하는 인격체다. 개인이 다양한 역할을 수행하는 것이다. 그것을 이어가려면 상황에 따라 적절하게 가면을 착용하는 페르소나가 필요하다.

물론 허상에서 벗어나 현실을 직시하는 것에는 큰 용기가 필요하다. 내가 가진 페르소나에만 너무 치우친다면 결국 나 자신을 잃게 될 것이다. 타이거 마스크를 쓰지 않으면 다시 소심해지는 임대호처럼 무너지고 말 것이다. 그 용기는 한 번만 필요한 것이 아니다. 파도처럼 가변적인 삶과 같은 이치다. 어느 지점마다 매번 용기를 내야 한다. 외부로 보이는 페르소나와 진정한 내부의 내가 만나 원만함을 이루기 위해서는 매 순간 용기를 갖고 다양한 나의 모습을 존중해야 한다. 비로소 참된 자신을 만나 윤택한 삶을 살 수 있게 될 것이다.

우리는 모두 한 가지 모습으로만 살아가지 않는다.

　현대 사회는 숨 가쁘게 변화하는 사회다. 다양성이라는 패러다임이 세계화로 향하는 속도를 높였다. 사회가 변화하며 전에 없던 집단이 잘게 나뉘었고, 그 개성에 따라 다양한 페르소나도 생성되었다. 변화하면서 전통적인 가치관이 붕괴하고 이 외에도 다양성의 존중과 같은 이유로 뒤틀린 채 팽창하고 있다.
　이러한 세계에서 인간은 정체성에 대해 고민하게 된다. '진정한 나는 누구인가?'라는 질문을 던지기 시작한다. 페르소나를 부정하고 진정한 자신이 누구인지 알고 싶어 한다. 그러나 앞서 언급한 것처럼 페르소나를 던져버리는 것이 진정한 나를 찾는 방법은 아니다. 그것은 나의 본성과 동일시될 수 없는 것이며, 많은 정신분석학자도 페르소나와 본성의 균형이 잘 잡힌 형태를 이상적인 상태라 판단했다.

애인에게는 둘도 없는 로맨티시스트였다가, 친구들 사이에서는 차갑게 변하는 자신의 모습이 두렵고 가식적이라 생각할 수도 있다. 나의 정체성에 혼란이 올 수도 있다. 그러나 다양한 인간의 모습만큼이나 다양한 페르소나를 융통성 있게 활용할 수 있는 모습은 꽤나 큰 장점이다.

내가 가진 가면의 수는 중요하지 않다. 가진 가면과 나 자신의 균형을 잘 맞추는 것이 중요할 뿐이다.

✏️ 이중인격을 욕하지 말라!

다중인격을 소재로 한 작품은 언제나 흥미롭다. 유치원에 다니는 어린아이의 인격부터 살인자의 인격까지 한몸 안에 들어있다는 설정은 언제나 관객에게 궁금증을 유발한다. 물론 현실에서 인격이 여러 개라는 말은 욕으로 쓰이기도 한다. 사람은 한결같아야 한다는 사회의 가르침과 상반되고, 속을 알 수 없는 사람에 대한 원초적인 공포감에 대한 반응이기 때문이다.

실제로 이중인격을 가졌던 유명한 음악가의 일생을 소개한다. 그의 이름은 로베르트 슈만. 19세기 낭만주의 음악을 대표하는 작곡가다.

슈만은 출판업에 종사했던 아버지의 영향으로 유년 시절부터 문학에 관심이 많았다. 이런 과거는 훗날 그의 작곡에도 큰 영향을 미친다. 그는 흔히 음악계의 지성으로 불렸는데, 낭만 시대 음악과 작품에 대한 평론 활동을 활발하게 했기 때문이다. 슈만은 타인의 의견을 듣고 토론하는 것을 즐겼다. 자신의 의견을 드러내는 것에 거침이 없었고 그의 논리는 타당성까지 갖춰 많은 이들의 관심을 끌었다. 그의 특이한 행보는 여기서 시작된다.

슈만은 상상 속의 인물을 구상해 '다비드 동맹'이라는 조직을 만들었다. 이 조직의 목적은 '예술의 본질을 벗어난 음악 풍토의 비판'이었다. 놀랍게도 슈만이 창조한 이 허구의 단체 속 인물들은 각각의 이름을 갖고 있었으며, 그 성격도 모두 달랐다. 슈만은 상상 속 조직원들과 대화하는 과정에서 당시 음악계에 대한 풍성한 입장을 펼쳤다. 그가 창조해낸 허구의 세계가 슈만의 지성과 음악에 대한 시각을 더욱 넓혀준 것이다.

다비드 동맹은 그 세력을 확장해 비평뿐만 아니라, 작곡에까지 영향을 미쳤다. 슈만이 1835년 작곡한 〈카니발 op.9〉은 21곡의 짧은 리듬으로 구성되었고 곡마다 다비드 동맹의 인물을 상징하는 제목을 붙였다.

상황이 여기까지 진전되자 슈만은 아예 자신의 이중인격을 대변하는 오이제비우스와 플로레스탄라는 인물을 창조해낸다. 슈만은 주위 사람들에게 자신이 가진 상반된 성격을 숨기지 않았다. 오히려 '이중이 나의 천성이다.'라며 자신의 정신 상태를 알리고 다녔다.

참고로 슈만이 창조한 자아 중 플로레스탄은 활발하고 열정적인 농담의 귀재였고, 오이제비우스는 감성적이고 서정적이며 이성에 기반을 둔 부드러운 성격의 소유자였다.

플로레스탄과 오이제비우스도 다비드 동맹과 마찬가지로 슈만의 작품 세계에 지대한 영향을 끼쳤고 〈다비드 동맹무곡〉에서는 그들이 등장해 장조와 단조를 표시하는 방법을 통해 곡마다 그들의 머리글자를 남겼다.

후에 평론가들은 슈만의 두 자아와 다비드 동맹이라는 다중인격이 그를 죽음에까지 이르게 했다고 밝혔다. 그것은 정신 분열의 일종이며, 슈만은 그 사실을 깨닫지 못했기 때문에 죽음을 맞이할 수밖에 없다는 의견을 내놓았다.

로베르트 슈만(Robert Schumann)
1810.6.8. ~ 1856.7.29.

그는 실제로 정신병을 앓기도 했다. 그러나 그것은 슈만 가족의 잇따른 죽음으로 인한 스트레스에 기인한 것일 수도 있었다.

수많은 예술가가 인간의 양면성과 그 이중성을 표현해 작품을 남긴 것처럼 슈만도 자신의 정신세계를 음악으로 표출하는 것에 두려움을 갖지 않았다. 오히려 그의 상상력과 수많은 자아는 재능과 합쳐져 불후의 명곡을 탄생시켰다. 그는 자신의 다양성과 이중성을 창작 혹은 비평으로 풀어나가며 긍정적인 방향으로 발전하는 데 성공했다. 아이러니하게도 그가 자신의 정신병을 두려워하고 고통받을 때 그의 걸작들이 탄생하기도 했다.

한결같은 모습을 유지하는 것이 중요하다는 명언들과 달리 슈만은 자신의 정신 분열에 무너지지 않고 그것을 인정하고 받아들여 결국 화합하는 것까지 성공했다. 그의 고통을 승화시켜 아직도 라디오에 자주 나오는 명곡을 만들어낸 것이다.

 열 길 물속은 알아도 한 길 사람 속은 모른다. 우리는 모두 다양한 자아를 갖고 있다. 그것은 상황에 따라 나의 페르소나가 될 수도 있고, 이중적인 모습의 핑곗거리가 되어줄 수도 있다. 나와 타인을 하나의 모습으로만 규정 지으려는 시도는 오히려 나를 다치게 하는 섣부른 판단이 될 것이다. 밝고 산뜻한 느낌을 주는 장조가 있는가 하면, 슬프고 우울한 감정을 나타내는 단조도 있다. 악보 안의 음표들은 또 어떤가. 그 무한한 조합과 응용으로 아름다운 음악이 완성된다. 한 가지 음계로만 이루어진 음악은 세상에 존재하지 않는다.

나도 몰랐던 나의 모습을 만나

한 아이가 친구 집에 놀러 갔다. 아이의 시선을 끈 친구의 장난감이 있었다. 아이는 그 장난감이 너무 갖고 싶어 집으로 돌아갈 때 자신의 주머니에 넣었다. 아이는 집에 돌아와 그 장난감과 놀았다. 아이의 부모는 아이를 추궁했고, 장난감을 뺏어 다시 친구의 집에 돌려주었다. 머리가 땅에 닿을 만큼 사과하는 것도 잊지 않았다.

'이드(Id)'란 본능과 원초적인 감각을 뜻한다. 그것은 '에고'라고 불리는 자아와 '슈퍼에고'라고 불리는 초자아와 함께 인간의 근간이 되는 정신적인 요소다. 프로이트는 아이들의 돌발적인 행동을 통해 세 가지 요소를 설명하려 했다. '이드', 즉 원초적인 본능은 주변 상황을 신경 쓰지 않는다. 자신의 욕구와 욕망의 충족이 곧 정답이라 생각하는 것이다. 프로이트에게 '자아'란 본능의 억압과 동시에 본능을 충족시킬 수 있는 선택을 하는 과정이다. 타인에게 해를 끼치지 않으면서도 자신의 욕구를 충족할 방법을 모색하는 것이다. '초자아'란 완벽한 이론처럼 이상적 행동을 추구하는 것이다. 이것은 '이드'를 통제하며 도덕적 행동의 강요를 야기한다.

장난감을 갖고 싶은 아이의 '이드'가 '자아'와 '초자아'를 넘어선 것이다. 미성년자가 미숙하다는 사회의 판단에 우리가 관대한 이유다. 그러나 '자아'와 '초자아'를 인식할 수 있는 아이의 부모는 아이의 행동을 바로잡으려 한다. 좋은 부모라는 페르소나를 쓰고 죄인 된 마음으로 사죄하며 자신과 자식의 위치를 지키려 한다.

나의 본질을 탐색하는 과정은 이렇게나 어렵다. 철학서를 읽는 즐거움 중 하나는, 알고 있지만 그것을 정의할 수 없었던 과거를 청산하는 일이다. 반대로 철학서를 읽는 두려움이란 결국 모든 감정의 변화는 내 안에서 비롯되었고 하나로 규정할 수 없다는 것을 깨닫는 공포 때문이리라.

모두가 태아에서 시작되었다. 유년기를 거치고 청년기를 거쳐 중년에 이르러 말년을 기다린다. 이드와 자아, 초자아, 자기실현과 페르소나 등 온갖 용어가 결국 내 삶 안에 다 있었다는 사실을 깨닫기까지 오랜 시간이 걸렸다. 나라는 존재는 어떤 단어로 규정될 수 있을까. 유년 시절부터 지금에 이르기까지 나라는 사람을 몇 가지 문장으로 정리할 수 있는 사람은 흔치 않을 것이다.

그리하여 다시 한번 조용한 저녁 호숫가를 떠올린다. 결국, 이기심과 이타심, 폭력성, 아름다움, 추악함, 자비, 욕심, 욕망, 실수, 성공, 선함과 악함은 모두 내 삶 안에 있었다는 것을. 그것을 인정하고 인식할 수 있을 때 구원은 온다. 수면에 조용한 파동이 가끔 일어도 우리는 관조할 수 있을 것이다

4장

인생의 양면성

누구나 바라마지 않는 완벽한 삶

　도시가 하나의 미술작품 같은 이탈리아를 여행하다 보면 도시 곳곳의 오래된 유명 건축물들에 남겨진 유명 화가들의 작품을 마주하게 된다. 미켈란젤로, 레오나르도 다빈치와 같이 전 세계적으로 유명한 화가들의 작품을 보면서 우리는 '완벽하다.'라는 표현을 사용하며 어떠한 작품이나 물건이 흠잡을 데가 없이 완전한 아름다움을 가질 때 우리는 그 작품을 완벽하다고 표현을 하게 된다.

　많은 사람들은 완벽한 삶을 추구하고자 한다. 그렇다면 완벽함을 추구하며 살고 있는 우리들에게 완벽한 삶이란 존재하는 것일까? 존재한다면 과연 완벽한 삶이란 어떤 모습인 것일까? 누군가에게는 완벽한 작품이라고 느끼는 기준이 색체의 완전한 조화일수도, 누군가에게는 작품 속 구도와 비례일수도, 그림 자체가 주는 아름다움의 미학일수도 있다. 완벽함에 대한 기준은 개인마다 다를 수 있다는 의미이다.

　보편적으로 우리의 인생을 바라볼 때, 경제적 어려움이 없이 선택의 자유가 항상 보장되는 삶, 외형적인 아름다움과 많은 사람들의 사랑을 받는 삶, 관계 속에서 항상 밝은 모습과 여유를 가질 수 있는 삶과 같이, 밖에서 봤을 때 보편적으로 이 정도면 완벽한 삶이 아닐까? 생각할 수 있는 기준들이 있다. 이런 것들은 우리가 대부분 가지고자 하는 가치들이기도 하다. 과연 이러한 모든 것들을 가진 삶은 완벽한 삶이라 할 수 있는 것일까? 완벽한 삶을 위해 모두가 같은 가치를 추구하며 원하는 것을 가지고자 했을 때, 원하는 바를 이루었을 때, 우리의 삶을 완벽하다고 생각할 수 있게 될까? 완벽한 삶이란 무엇인지에 대해 함께 생각해보자.

01 백 명의 사람, 백 가지의 사회상

각자의 다른 시선

현재를 살아가는 우리들은 각자가 경험하며 살아온 환경에 따라 세상을 바라보는 시각이 다를 수밖에 없다는 것을 알고 있다. 젊은층과 노인층, 부모세대와 자녀세대는 지나온 시간과 앞에 남겨진 시간의 크기가 다르기 때문에 동시대를 살아가고 있음에도 다른 눈으로 세상을 바라볼 수밖에 없다.

그럼에도 불구하고 주변의 노인 문제를 바라볼 때 세상의 변화를 받아들이지 못해 주변을 힘들게 하거나 젊은 세대와의 트러블을 늘 일으키는 노인들의 이야기를 뉴스를 통해 접하게 될 때면 나도 모르게 눈살을 찌푸리게 되기도 한다. 하지만 반대로 살아온 시간만큼 쌓인 지혜와 연륜으로 지역 사회를 위해 봉사와 마음을 내어 일하시는 노인들을 마주할 때면 절로 고개를 끄덕이며, 역시 연륜에서 나오는 여유를 무시할 수 없다는 생각을 하게 되기도 한다.

남들보다 살면서 걸어온 길이 더 길기 때문에 때론 굳어진 신념들이 주위의 변화를 받아들이지 못하게 만들기도 하지만, 그 길을 걸으며 쌓아온 연륜과 지혜가 우리 사회를 위한 도움의 손길이 되어주기도 하는 것이다.

아파트 단지에서 심심치 않게 볼 수 있는 길고양이의 캣맘 문제를 인터넷 뉴스를 통해서 본 적이 있을 것이다. 불쌍한 길고양이들을 위해 사료를 챙겨주는 캣맘들과 길고양이 문제로 불편함을 겪는 이들이 이를 저지하기 위해 반대하는 행동으로 충돌했을 때 우리는 누가 옳은 행동이고 누가 그릇된 행동인지 판단할 수 있을까? 이들의 행동에 완벽한 옳고 그름이 존재할 수 있는 것인가?

대한민국의 수많은 노동자들 중에는 아직도 열악한 근무환경에서 부조리한 대우를 받고 있는 공장 노동자들이 있다. 반면에 노동자들의 권리를 위해 만들어진 노조단체의 권위를 이용하여 하청업체를 괴롭히는 잘못된 행동을 일삼는 공장 노동자들도 있다. 이런 것들을 모두 생각했을 때 단지 공장노동자라는 것만으로 무조건 피해자이다, 공장노동자들의 권익만을 우선시 해야 한다는 판단을 할 수 있을까? 사업주는 나쁘고, 노동자는 옳다, 라고 판단할 수 있는 것일까?

이 밖에도 수없이 많은 사례들이 있을 테지만, 이런 일련의 이슈들을 통해 특정한 어떤 단면만을 가지고 우리는 완벽한 선과 악, 옳고 그름으로 이분법적인 판단을 할 수 없다는 것을 알 수 있다. 살면서 우리가 마주하는 많은 일들과 관계들 속에는 각자 저마다의 이유와 기준, 그리고 근거들이 존재한다.

만약 A라는 사람이 B라는 사람을 폭행한 사건이 벌어졌다고 생각해보자. 이 사건을 법적으로만 따져보자면 B에게 폭력을 휘두른 A는 유죄일 것이다. 이전의 인과관계를 떠나 폭력을 휘두른 A의 행동만을 단편적으로 바라본다면 우리는 A가 잘못한 것이라고 생각할 수 있다.

하지만 만약, 이 사건의 이전에 A가 B로부터 지속적인 괴롭힘을 당해왔고, A에게 가한 B의 행동이 우리가 이해할 수 있는 수준을 넘어서 무척 폭력적인 행위들을 일삼아온 것이라면, 이를 참다못한 A가 B를 향해 가한 폭력은 무조건적으로 잘못된 행동이라고 할 수 있을까? A에게 폭행을 당한 B는 무조건적으로 피해자라고 말할 수 있을까?

물론 법적으로는 A의 죄라고 판단할 수 있을지 모르겠지만 심정적으로, 또는 윤리적으로 B를 피해자라고 이야기 할 수 있을 것인지는 알 수 없다. 이렇게 우리가 사는 세상과 이 세상에서 일어나는 현상들은 복잡한 사람들 간의 관계만큼이나 다면적이며, 인간들의 행위를 단편적으로 바라보고는 한 마디로 행위를 정의할 수 없는 것이다.

언더도그마 현상

현재를 살아가는 우리들은 지금은 전혀 상상할 수 없지만, 우리나라의 노동자들의 근로 환경이 너무나도 열악하고 어린아이와 여성노동자들의 인권과 근로환경에 대한 인식도 너무나도 낮은 수준이었던 1950~60년대에 노동자들의 삶은 지금은 상상도 할 수 없는 열악한 환경과 사람다운 삶이 보장되지 않는 수준이었다.

그런 시대에 노동자들의 근로 환경 개선을 위해 분신 항거한 노동운동가 전태일 열사의 이야기를 다룬 〈전태일 평전〉을 읽어 본 사람들이 많을 것이다. 또한 그의 일대기를 다룬 영화 〈아름다운 청년 전태일〉 속의 마지막 장면은 많은 사람들에게 우리의 지난 과거를 기억하게 해주는 아픈 장면이었다.

이런 이야기들을 기억하고 있는 우리는 무의식 중 노동자에 대한 피해자적인 시각이 강하게 자리 잡게 되기도 한다. 우리나라의 노동자들의 근로환경이 너무나도 열악하던 그 시절, 누구보다 앞장서서 노동환경의 개선을 위해 자신을 희생한 전태일 열사의 희생은 우리나라의 근로환경 개선을 위한 시작이 되었다. 다시는 이런 젊은 청춘들을 잃지 않도록 우리 스스로 끊임없이 변화하고 주위를 살펴야 하는 것은 너무나 당연한 이야기이다.

여전히 근로현장에서 안전에 대한 허술함과 근로환경의 어려움으로 소중한 목숨을 희생당하는 청춘들이 있다. 그렇기에 우리는 함께 살아가고 있는 우리 사회에서 소외되고 있는 이들은 없는지, 우리의 편안함과 효율성을 위해 누군가의 근로환경을 열악하게 만드는 것을 외면하고 있지는 않는지 항상 사회에 대한 관심을 가지는 것이 필요하다.

하지만 이러한 일들이 반복될수록 우리들 안에 '노동자 = 피해자' 라고 하는 프레임을 씌우게 되는 것은 위험하다는 경각심을 가져야 할 필요도 있다. 우리 주변에는 학비와 기타 금전적인 필요에 의해 아르바이트를 하는 학생들을 많이 볼 수 있다. 정부의 최저시급에 대한 정책들을 이야기 할 때마다 나오는 이슈는, 이런 아르바이트생들의 근로환경을 개선하기 위해 최저시급을 상향조정하는 결정에 따르려면 사장님들은 오히려 아르바이트생을 고용하는 시간을 줄여야만 겨우 생계가 가능하다는 이야기이다.

이런 정책들에 대한 평가를 할 때 아르바이트를 하는 학생들은 불쌍한 피해자, 사장님들은 나쁜 사람들이라는 프레임을 씌우고 한쪽의 필요성에만 치우쳐서 평가를 하게 되지는 않는지 우리들의 시각에 대한 생각을 해 볼 필요가 있다.

자본주의 사회에 살아가면서 우리는 뉴스를 통해서든, 주위의 이슈를 통해

서든 자본가, 상류층, 금수저 등등의 단어들을 사용하면서 누구나 부에 대한 욕구를 가지면서도, 내가 가지지 못하는 누군가의 '부'에 대한 부정적인 시각을 내면에 가지게 되기도 한다. 이런 현상을 우리는 '언더도그마' 현상으로 이해할 수 있다.

'언더도그마(Underdogma)'란 단순히 이해당사자 간의 힘의 차이만으로 선(善)과 악(惡)을 판단하려고 하는 것을 의미하며, 이를 근거로 약자는 무조건 선하고 강자는 무조건 악하다고 인식하는 현상이다.

그렇다면 과연 모든 약자는 선하다고 말할 수 있는 것일까? 길고양이 문제를 바라볼 때 길고양이를 보호하는 사람들은 무조건 선하고, 길고양이로 인해 불편함을 겪는 이들이 이를 제지하는 것은 무조건 악한가? 노동자는 무조건 피해자이고 자본가는 무조건 가해자인가? 아르바이트생은 무조건 불쌍하고, 모든 사장님은 무조건 악덕 업주인가?

사람은 누구나 자기도 모르게 언더도그마의 논리적 오류에 빠지기 쉽다. 그 이유는 아마도 이성보다는 감성에 치우쳐진 판단이 우리를 이끌 때도 있기 때문일 것이다.

그렇다면 우리는 무조건 약자의 위치에 있는 이들만을 옹호하고 강자의 위치에 있는 사람들에게 모든 책임을 전가해야 하는가? 약자의 편에 서서 강자의 행동은 무조건 잘못된 행동으로 판단하는 것이 맞는가? 앞뒤의 상황이나 문제 상황의 배경에 대한 이해 없이 이러한 맹목적인 독단은 옳지 않다. 누가 선이고, 누가 악인가. 선악의 문제는 그 사람이 약자인가, 강자인가는 상관이 없다.

우리의 주위에 발생할 수 있는 다양한 사건과 사고, 관계들 속에서의 옳고 그름에 대한 시시비비와 선과 악을 구별하고자 하기 위해서는 우리 안에 있는 감성에 치우쳐서 편견과 그들에게 씌워진 프레임을 걷어내고 올바른 판단을 할 수 있는 이성적 판단의 기준을 가지고 있는가 스스로 생각해봐야 할 문제이다.

지킬과 하이드는 존재하는가

인간의 이중성을 표현한 가장 대표적인 작품인 〈지킬 박사와 하이드〉는 1886년에 출간된 로버트 루이스 스티븐슨의 단편소설이다. 인간 내면의 선과 악의 이중성을 표현한 작품들의 시초 격으로 뮤지컬과 연극 등 무수히 많은 리메이크작을 만들었고, 뮤직컬 작품인 〈지킬 앤 하이드〉는 지금까지도 여전히 흥행작품으로 많은 사람들의 사랑을 받고 있다.

주인공인 헨리 지킬 박사는 정신분열증을 앓고 있는 아버지와 인간 이하의 대접을 받고 있는 정신병원의 환자들을 보며 인간의 몸에 선과 악, 두 가지의 본능이 있다는 가설을 세우고 이 선과 악을 나누어 분리할 수 있는 약을 만들기 위해 실험을 한다.

여러 실험 끝에 인간의 내면에 선과 악의 본성을 분리할 수 있는 약을 만드는 데 성공한 지킬 박사는 자신의 약물을 실험할 수 있는 임상실험을 필요로 하지만 반인륜적인 실험이라는 이유로 할 수 없게 되자, 자신을 피실험자로 하여 스스로 약물을 주입하여 자신의 내면에 있던 악인인 에드워드 하이드로 변하게 된다.

지킬박사는 이 약물을 통해 자신의 내면에 있는 선과 악의 본성을 분리하여 낮에는 선의 분신인 지킬박사의 모습으로 너무나 선하고 인자한 모습으로 살고, 밤에는 자신의 절대적인 악의 분신인 에드워드 하이드의 모습으로 온갖 범죄와 살인을 저지르고 다닌다.

자신의 실험이 성공적이라고 생각한 지킬 박사는 더욱 많은 약물을 만들어서 자주 하이드로 변신하지만 시간이 지날수록 자신의 내면의 악의 분신인 하이드를 통제하지 못하고 선과 악의 경계에서 자신을 컨트롤하지 못하면서 이야기는 점점 절대 악과 절대적인 선의 경계를 잃어가면서 많은 이야기가 전개된다.

인간 본성의 선과 악에 대해서 이야기를 할 때 '성선설'과 '성악설', 또는 '성무선악설' 등에 대해 이야기를 할 때가 있다. 과연 인간의 본성은 선하게 태어났을까, 아니면 인간의 본성은 본래 악한 것일까, 둘 다 아니라면 인간의 본성은 환경에 의해 변화할 수 있는 것일까? 지킬 박사의 내면에서 분리해서 꺼낸 절대적인 악의 분신인 하이드처럼 인간의 본성에는 악한 본성이 어디엔가 숨어있는 것일까?

어릴 적 늘 TV앞에서 시작시간만 기다리던 만화영화에는 언제나 등장하는 장면들이 있다. 지구를 침략하기 위해 나타난 악의 무리들과 지구를 지키기 위하여 이 악의 무리들에 맞서 싸우는 정의의 사도가 있었다. 정의의 사도는 항상 지구를 위협하는 악의 무리들에 맞서 절대 쓰러지지 않고 항상 악을 물리치며 지구에는 평화가 찾아온다.

어린 시절엔 이런 선과 악을 주제로 한 만화영화를 보면서 언제나 악에 맞서 싸우는 정의로운 편을 응원하면서 악을 무찔렀을 때는 박수를 쳐가면서 좋아했던 기억이 있다. 악에 맞서 싸우는 것은 언제나 정의로운 것이라고 생각했던 것이리라. 만화 속의 세상에서 악에 맞서 싸우는 정의가 존재하듯, 지킬박사의 내면에 악의 분신인 하이드를 분리하면 절대적으로 선한 존재인 지킬박사가 나타나듯, 실제로 지금 우리가 살아가는 세상에서도 절대적인 선과 절대적인 악이 존재할 수 있을까?

우리가 살아가고 있는 세상도 만화 속의 세상처럼 완전한 악과 정의가 구분될 수 있고, 정의가 악을 무찌르는 것으로 평화를 찾을 수 있는 세상이라면 참 좋을 텐데, 안타깝게도 우리가 살아가고 있는 세상은 선과 악이 이분법적으로 완벽하게 구분될 수 있는 것이 아니다. 세상의 모든 일들이 정의라는 이름으로 모든 것을 평가할 수 있는 것이 아니기 때문에 복잡하게 얽혀 있는 사람들 사이의 관계만큼이나 더욱 복잡하게 얽혀 있는 이해관계에 따라 그 행위를 바라보고 평가하는 기준은 모두 다를 수밖에 없다.

같은 사람이 한 같은 행동이라도 사람들 사이의 이해관계나 얽혀 있는 배경들에 따라 그 행위를 평가하는 것이 달라질 수 있는 것이다. 그렇기에 절대적인 선의 분신인 지킬이나, 절대적인 악의 분신인 하이드는 소설 속의 인물일 뿐 우리가 살아가는 현실에서는 존재할 수 없는 존재들이다.

한량인 줄 알았던 우리 아버지

일명 '조선의 3대 파락호'로 손꼽히는 인물들이 있다. 고종황제의 아버지인 흥선대원군 이하응, 1930년대 형평사 운동의 주역인 김남수, 의성 김씨 집안의 종가집 자손으로 유명한 도박꾼이자 파락호인 김용환이다.

경북 안동 일대의 노름판에는 김용환이라는 인물이 꼭 끼어있었다고 한다. 항상 노름판에서 살다시피 하면서 가산을 탕진하던 그는 사방 십리 이내로는 학봉종택의 땅이 아닌 곳이 없었을 정도로 막대한 재산과 전답을 보유하고 있던 부유한 집안의 종갓집 자손이었다.

새벽녘까지 노름을 하다가 마지막 판이 될 때쯤 판돈을 걸고 마지막 투기를 하는데, 만약 투기가 성공하여 돈을 따면 다행이지만, 만약 투기에 실패할 때면 큰 소리로 판을 뒤집어엎으면서 도박장 주변에 잠복하고 있던 그의 수하들이 나타나 판돈을 모두 쓸어 담고 유유히 사라졌다고 한다.

노름과 투기에 미쳐서 문중의 재산과 전답을 모두 도박으로 날려 먹은 남자. 문중에서 십시일반으로 돈을 모아서 집과 전답을 되사주어도 도박에 미친 종갓집 자손은 그 막대한 재산을 모두 잃고, 외동딸이 시집을 갈 때 시가에서 장롱을 마련하라고 준 돈마저도 도박으로 탕진해 버린다. 결국 외동딸이 할머니가 쓰시던 헌 장롱을 들고 울면서 시집을 갔다는 일화는 너무나도 유명하다. 장롱 하나도 제대로 해오지 못한 딸이 시집을 가서도 온갖 수모를 당하고 문중 사람들에게 온갖 욕을 다 먹었지만 김용환은 변하지 않고 파락호의 삶을 살았다.

가족을 돌보는 가장의 역할도 내팽개치고, 도박으로 엄청난 문중의 재산까지도 모두 탕진하면서도 도박에만 빠져서 파락호의 삶을 살던 김용환의 행동에는 숨겨진 비밀이 있었다. 도박으로 탕진해버리는 줄 알았던 그의 재산들은 도박을 방패 삼아 비밀리에 만주에 있는 조선의 독립군들에게로 보내지고 있었던 것이다.

도박판에서 탕진하여 재산을 날려먹는 모습은 그 많던 문중의 재산이 사라진 것을 궁금해 하는 사람들을 속이기 위한 위장이었던 것이다. 일제의 감시망을 피해 조선의 독립을 위해 고군분투하고 있는 독립군들의 군자금으로 자신의 재산을 보내기 위해 그는 스스로 도박에 미친 조선의 파락호가 되는 삶을 선택했던 것이다.

막대한 문중의 재산도, 명문가의 자손으로 출세를 할 수 있는 명예도 버리고, 모든 사람들에게 파락호라는 손가락질을 받으며 자신의 하나뿐인 혈육인 외동딸의 결혼마저도 망가뜨렸다는 원망을 받으면서도 조선의 독립을 위해 모든 것을 헌신한 인물인 김용환은 마지막 임종을 할 때도 "선비로서 당연히 해야 할 일을 했을 뿐인데 이야기 할 필요 없다." 라고 하며 자신의 업적을 누군가에게 알리지 않기를 바라며 눈을 감았다고 한다.

독립운동가 김용환 선생
1887.2.27.~1946.7.10.

그의 비밀스러운 행적을 알지 못했다면, 늘 도박판에서 살다시피 하는 그의 행동만을 보고 사람들은 손가락질을 하며 가정도 내팽개치고 외동딸의 시댁에서 보내준 장롱을 살 돈마저도 날려먹은 천하의 나쁜 놈이라고 욕을 한바가지 퍼부었을 것이다. 그가 얼마나 철저하게 완벽한 연기를 했으면 그의 외동딸마저도 자신의 아버지를 원망하며 한참을 살았을 정도이니, 그의 행동 뒤에 숨겨진 진실은 아무도 몰랐던 것이다.

아래의 글은 그의 외동딸인 김후웅이 1995년 아버지 김용환의 공로로 건국훈장 애족장을 추서 받으면서 아버지에 대한 존경과 회한을 '우리 아배 참봉 나으리'라는 글로 발표한 내용이다.

그럭저럭 나이 차서 16세에 시집가니

청송 마평 서씨 문에 혼인은 하였으나

신행 날 받았어도 갈 수 없는 딱한 사정

신행 때 농 사오라 시가에서 맡긴 돈

그 돈마저 가져가서 어디에서 쓰셨는지?

우리 아배 기다리며 신행 날 늦추다가

큰 어매 쓰던 헌 농 신행 발에 싣고 가니 주위에서 쑥덕쑥덕

그로부터 시집살이 주눅 들어 안절부절

끝내는 귀신 붙어왔다 하여 강변 모래밭에 꺼내다가 부수어 불태우니

오동나무 삼층장이 불길은 왜 그리도 높던지

새색시 오만간장 그 광경 어떠할고

이 모든 것 우리 아배 원망하며

별난 시집 사느라고 오만간장 녹였더니

오늘에야 알고 보니 이 모든 것 저 모든 것

독립군 자금 위해 그 많던 천석 재산 다 바쳐도 모자라서

하나뿐인 외동딸 시가에서 보낸 농값, 그것마저 바쳤구나

그러면 그렇지 우리 아배 참봉 나으리

내 생각한 대로, 절대 남들이 말하는 파락호 아닐진대

우리 아배 참봉 나으리…

외부로 보여진 비난 받아 마땅한 몹쓸 김용환이라는 인물의 모습의 이면에는 조선의 독립을 위해 막대한 재산과 자신의 모든 것을 헌납한 독립운동가의 얼굴이 숨어있었던 것이다. 이렇게 엄청난 비밀까지는 아니더라도 우리는 살아가면서 마주하는 많은 일들에서 외부로 보여지는 것과는 다른 이면의 사연들이 숨어 있는 상황들을 경험할 때가 있다. 그렇기 때문에 우리는 내가 아닌 타인의 행동을 판단할 때 우리의 눈앞에 보이는 내용만을 가지고 평가를 할 수 없는 것이다.

우리는 인생을 살아가면서 누군가의 삶에 대한 평가를 할 때가 있다. 무엇을 추구하면서 살아가는가. 어떤 가치를 중요하게 생각하면서 살아가는가. 어떤 방식과 태도로 삶을 살아가고 있는가. 사람들마다 삶을 평가하는 다양한 기준들이 있을 수 있다. 그것이 나의 삶이든, 타인의 삶이든 각자가 경험에서 만들어진 자신들만의 기준으로 평가를 하게 될 것이다.

하지만 우리는 그 누구도 완벽한 신의 자격으로 모든 것을 알고 투명하게 볼 수 있는 능력은 주어지지 않았기에, 우리는 스스로 내가 볼 수 있는 영역의 이면에는 다른 사연이 숨어있을 수도 있음을 항상 기억하면서 완전한 삶이란 존재하는가에 대해 생각해볼 필요가 있다.

장애 극복 파이팅?

한 병원 건물 앞에서 치과의사인 한 남성이 다른 남성에게 폭행을 당하는 사건이 있었다. 폭행을 가한 A씨는 병원 엘리베이터 앞에 서 있는 B씨를 뒤따라가서 머리채를 잡고 안면에 주먹을 휘두르고 발과 무릎으로 수차례 얼굴을 가격하여 얼굴뼈가 부러지고 뇌출혈 진단까지 받을 정도의 폭행을 휘둘렀다.

이 사건이 뉴스에 보도되면서 CCTV 영상이 공개되었는데, 영상 속에는 A씨가 B씨를 폭행하는 모습이 그대로 찍혀있었다. 여기까지만 뉴스를 접했을 때는 '어떻게 이런 일이 있을 수 있지?'라는 생각을 하게 될 것이다. 내가 살고 있는 생활 영역에서 무방비 상태로 있다가 누군가에게 이런 엄청난 폭행을 당할 수 있다는 것은 불안이 만연해지는 현대 사회에서 너무나 큰 불안감을 조성하는 사건인 것이다.

그런데 이후에 이어지는 뉴스의 내용은 뉴스를 보고 있는 우리들로 하여금 분노를 일으키기에 충분한 내용들이 이어졌다. 폭행을 저지른 A씨는 경찰 조사에서 "의사가 아버지를 멸시하고 모욕적인 말을 해서 폭행을 했다."고 밝혔다.

CCTV를 통해 공개된 A씨의 폭행 사건 이전에 폭행을 가한 A씨와 폭행을 당한 B씨 사이에 두 사람은 어떤 사건을 계기로 문자 대화를 나눈 적이 있었던 것이다.

조사에 따르면 폭행의 가해자인 A씨의 아버지는 임플란트 시술 후유증으로 장애를 얻게 되었고, 진료 의사였던 B씨를 고소했다. 자신의 아버지가 시술 후유증으로 장애를 얻게 된 것에 된 것에 화가 난 A씨는 자신의 아버지는 여전히 장애 때문에 고생을 하시는데, 아버지를 진료한 치과의사 B씨는 멀쩡하게 잘 지내는 것에 화가 나 문자를 보냈는데, A씨에게 돌아온 B씨가 보내온 답장은 "화이팅", "장애 극복 잘해라 파이팅", "장애는 이겨낼 수 있어!" 라며 조롱하는 문자였던 것이다. 자신의 아버지를 조롱했다고 생각한 A씨는 이에 치과의사 B씨를 찾아가서 폭행을 저지르게 되었다.

어떤 경우에도 폭력이 정당화 될 수는 없다. 이 절대적 사실을 부정하는 것은 아니다. 하지만, 우리는 폭행의 가해자인 A씨만을 절대적으로 나쁜 행동을 한 가해자로 생각할 수 있는 것인지는 생각해볼 필요가 있다.

분명한 것은 폭행 가해자인 A씨는 법적으로는 가해자가 맞으며, 잘못된 행동을 저지른 것이 맞다. 하지만 아무 이유 없이 폭행을 저지른 것이 아닌 그의 행동의 배경을 알게 된 순간, 그의 폭력적인 행동이 그를 무조건적인 악인으로 연결 짓게 되지는 않게 되는 것이다.

또한 누군가로 하여금 폭력적인 행동을 표출할 만큼 분노하게끔 만든 비상식적인 행동을 한 폭행사건의 피해자 B씨는 완전한 피해자라고만 생각하게 되지도 않을 것이다. 이 세상 속에는 복잡한 인간 관계들만큼이나 수없이 많은 사연들이 존재한다.

사연 없는 무덤은 없다는 옛말도 있듯, 모든 인간의 행위에는 그 나름의 이유와 자신만의 기준과 타당성이 존재한다. 물론 피해자임에도 피해자가 될 만한 행동을 저지른 것이라고 B씨의 행동을 비난하는 것도 아니고, 폭력적인 행위를 한 A씨의 죄가 생각한 것보다는 가벼울 수 있다고 옹호하는 것도 아니다.
다만 밖으로 드러난 행위의 단면만을 보고 가해자와 피해자, 유죄와 무죄, 죄의 무게를 함부로 평가할만한 절대적인 가치기준이란 없다는 것을 말하고자 하는 것이다. 전능하신 신이 계시다면 우리의 모든 죄를 명확하게 판단해주실 수 있겠지만, 우리는 모든 것을 다 알기에는 너무나도 작디작은 존재일 뿐이기에, 세상을 바라보는 시각을 조금 더 넓게, 주위의 소리에 조금 더 귀를 기울이면서 살아가야 할 것이다.

세상은 너무나 다면적인 것

앞서 소개한 여러 사례들을 통해 알 수 있듯이 우리가 살아가고 있는 이 세상은 다면적이다. 세상을 선과 악, 옳고 그름, 피해자와 가해자 등과 같이 이분법적으로 재단할 수 있는 능력이 우리들에게는 없다.

그렇기에 세상에는 하이드를 분리해낸 지킬 박사처럼 온전하게 선하기만 한 이도 없고, 하이드처럼 온전히 악하기만 한 이도 없다. 애초에 혼자서는 살아갈 수 없는 세상이기에 우리는 선한 이들의 영향도, 악한 이들의 영향도 받으면서 조금씩 우리 내면에 선과 악에 대한 내 스스로의 기준과 옳은 선택의 방향을 조금씩 만들어 갈 뿐이다.

다양한 사람들이 다양한 관계 속에서 함께 살아가는 세상이기에, 우리는 그 안에서 서로에게 더욱 많은 영향을 미친다. 절대적인 선과 절대적인 악으로 인간의 본성을 분리하는 데 성공했다고 생각한 지킬 박사의 절대적인 선의 영역도 결국 절대적인 악의 분신인 하이드에 의해 영향을 받고, 점차 자신 스스로가 악인지, 선인지 구분할 수 없을 만큼 변해 간다. 만약 온전한 선이나 온전한 악이 존재한다고 해도 결코 그 온전함은 영원할 수 없을 것이다.

이렇게 다양한 세상의 모습과 마주하게 될 때 우리는 이 세상을 어떻게 바라봐야 하는 것일까? 선한 것들을 대하며 그 선한 영향력이 변질되지 않고, 우리 안에 스며들어 모두가 함께 행복할 수 있도록 공공의 선을 추구할 수 있는 올바른 방향성을 키워가는 마음가짐이 필요하다.

혹여 눈살을 찌푸리게 하는 상황들과 마주하더라도 무조건 피하거나 나쁜 것, 그릇된 것, 악한 것이라고 치부해 버리기보다는 내가 보고 있는 것이 단편적인 현상만은 아닌지, 보여지는 모습의 이면에는 선한 영향력을 이끌어낼 만한 무엇이 숨겨져 있지는 않은지 주위를 살피고 생각해보려는 노력이 필요한 것이다.

우리가 지금 살아가는 현재에도 여전히 열악한 노동환경과 효율성을 앞세운 일처리, 그로 인해 아픔을 겪는 사람들이 존재한다. 그들의 목소리와 그들의 환경을 나와는 무관한 일이라고 생각하고 고개를 돌리게 된다면 일어나지 말아야 할 일들이 계속되고, 결국 노동자 = 피해자라는 공식이 새겨지게 될지도 모를 일이다. 그렇게 세상을 바라보지 않아야 한다는 것을 잘 알면서도 반복되는 현상들이 우리에게 편견과 프레임을 씌워주게 되는 것이다.

프레임 속에 갇혀서 세상의 단편적인 모습만을 바라보면서 살 것인가. 스스로 그 단편적인 모습의 이면에 어떤 것들이 숨겨져 있는지 찾는 삶을 살아갈 것인가. 세상을 변화시키는 존재는 바로 우리가 될 수도 있다.

# 02 성공한 삶, 실패한 삶

📝 성공이란 무엇인가

 어느 날 당신은 당신의 눈앞에 툭 하고 떨어진 램프를 하나 발견한다. 애니메이션으로든 만화책을 통해서든 알라딘을 본 사람이라면 절대 문질러보지 않을 수 없게 생긴 그런 램프를 발견한 당신, 혹시나 하는 마음으로 그 램프를 문질렀을 때, '펑'하는 소리와 함께 영화처럼 램프의 요정 지니가 나타난다면, 당신은 어떤 소원을 빌겠는가?
 단, 램프의 요정 지니가 당신에게 들어줄 수 있는 소원은 단 세 가지뿐이다. 당신은 제일 먼저 어떤 소원을 빌고 싶은가?

"지금 당장 지긋지긋한 회사를 그만둘 수 있게 제 통장에 100억 원 정도 생길 수 있게 해주세요."

아니면, "사랑하는 사람이 생길 수 있도록 나를 멋진 사람으로 만들어주세요."

이것도 아니라면, "내가 사랑하는 가족들과 함께 행복하게 살 수 있는 큰 집을 주세요."

우리는 누구나 바라지만 쉽게 가질 수는 없는 것들을 소원하며 지금보다 더 나은 삶을 살고자 하는 소망을 빌지도 모르겠다. 누군가는 지금보다 경제적으로 더 윤택한 삶을 살고자 금전적인 소원을 빌 수도 있고, 누군가는 외형적인 아름다움에 대한 갈망으로 외모를 변화시킬 수 있는 소원을 빌 수도 있으며, 누군가는 사랑하는 사람들과 함께 할 수 있는 소원을 빌 수도 있을 것이다. 램프의 요정 지니가 당신의 소원을 들어준다면, 당신의 삶은 행복한 삶이 될 것인가? 당신의 삶은 성공한 삶이 될 수 있을 것인가?

많은 사람들은 성공한 삶의 기준에 대해서 돈이라고 생각하기도 한다. 그래서 자신의 삶이 드라마틱하게 변할 것이라는 희망을 가지고 당첨 확률이 희박한 복권을 구매한다. 그렇다면 진짜로 복권에 당첨되어 갑자기 많은 돈을 가지게 된 사람들의 삶은 어떨까.

인터넷 뉴스를 통해 가끔 접하게 되는 복권 당첨자들의 삶은, 우리가 생각하는 것처럼 행복하거나 마냥 평화롭지만은 않다. 많은 사람들이 원하는 일확천금의 큰돈을 수령하고도 그들의 삶이 계속적으로 성공적으로 살아가지 못하는 이유는 무엇일까?

누구나 바라는 것들을 가지게 되고도 성공적인 삶으로 이어가지 못하는 우리 주위의 현실들, 또 세계적으로 유명한 명사들의 삶을 통해 어떤 삶이 성공한 삶이고, 어떤 삶이 실패한 삶인지, 우리가 살아가고 있는 인생의 양면성을 살펴보자.

여기 몇 가지 삶의 예시가 있다. 당신 생각에 어떤 삶이 성공한 삶인가?

❖ 히틀러

제2차 세계대전을 일으킨 독일 나치정권의 중심이자 독재자의 상징처럼 일컬어지는 아돌프 히틀러는 누구나 잘 알고 있는 인물이다. 지금까지도 독재자라고 하면 고민 없이 바로 히틀러를 떠올릴 만큼, 전 세계적으로 히틀러의 독재에 의한 독일의 전쟁범죄는 엄청난 영향을 미쳤다.

히틀러는 독일 국경 부근의 오스트리아의 작은 마을에서 태어났다. 세관원이었던 히틀러의 아버지는 비교적 엄격하였던 것으로 전해지고 있으며, 히틀러를 귀족들이 많이 다니는 학교에 보낼 만큼 중산층 중에서도 잘 사는 편에

속했던 듯 하다. 하지만 그의 아버지는 가족에게 다정한 가장은 아니었고, 걸핏하면 아내와 자식들을 때리고 폭언을 일삼는 폭력적인 가장이었다. 화가가 되고자 했던 히틀러는 미술대학에 진학하지만 재능을 인정받지 못하고 자신이 꿈꾸었던 화가의 길은 포기하게 된다.

히틀러는 오스트리아에서 자라는 동안 오스트리아의 기독교 문화에 깊이 뿌리 박혀 있는 반유대주의의 영향을 받아 이후 그의 정치 관념의 바탕이 되는 '아리아 인종 우월주의'를 배우게 된다. 이는 이후 나치의 유대인 학살에 큰 영향을 미치는 배경이 된다.

화가의 길을 포기한 채 독일로 넘어간 히틀러는 제1차 세계대전이 발발하자 군에 입대하여 - 화가의 길을 향할 때는 재능을 인정받지 못했지만 - 군에서는 무공을 세우며 능력을 인정받게 된다. 이 시기의 히틀러의 동료들의 증언에 따르면 히틀러는 단 한 통의 편지나 소포도 받지 못했고, 힘겨운 군 생활임에도 술과 담배를 일절 입에 대지 않았으며 남는 시간에는 가끔씩 그림을 그릴 뿐이었다고 한다. 이런 그의 모습에서 이후 유대인 학살과 같은 전쟁범죄를 저지를만한 광기를 찾아볼 수는 없었을 것이다.

제1차 세계대전의 결과인 독일의 패배를 받아들이지 못한 히틀러는 1919년 독일노동자당이라는 반(反)유대주의적 성향을 가지는 정당에 가입하게 되는데, 이 정당이 후일 나치스의 전신이 된다. 그는 탁월한 스피치 능력과 자신의 스피치 능력이 빛나 보일 수 있는 선전 활동을 통해 당세를 확장해 나가며 정치가로서 승승장구한다. 그리고 마침내 당 내 최고 자리에 오르면서, 히틀러의 독재자로서의 삶이 시작된다.

당시 대공황이 불러온 실업률과 높은 인플레이션으로 독일뿐만 아니라 전 유럽의 경제적 상황은 말 그대로 공황 상태였으며, 그중에서도 패전국인 독일은 더욱 큰 경제적 타격을 입고 국민들의 삶은 피폐해질 대로 피폐해진 상황이었다.

아돌프 히틀러
1889.4.20. ~ 1945.4.30.

힘겨운 경제적 상황에서 독일의 정당들은 속수무책이었고, 그런 독일 국민들의 불안감과 패배의식이 가득한 국민적 정서 가운데 히틀러는 뛰어난 스피치 능력을 통해 독일인들에게 지금보다 나은 미래에 대한 희망, 어려움을 타개할 수 있는 대안으로 떠올랐으며, 국민적 지지를 기반으로 제2차 세계대전을 일으키게 된다.

이후 히틀러의 나치스는 유대인 약 600만 명을 학살하는 만행을 저지르고 독재자로서 승승장구하지만, 결국 독일은 영국과 미국이 주도하는 연합군과의 전투에서 패전한다. 그리고 히틀러는 베를린이 함락되기 직전 자살로써 생을 마감하게 된다.

경제 대공황 시기, 구세주처럼 나타나 독일의 재건을 위한 유일한 대안으로 추앙받던 히틀러는 독일인들에게 신적인 존재처럼 느껴졌을 것이다. 하지만 독일의 패망과 함께 히틀러는 순식간에 전쟁 미치광이이자 무려 600만 명의 유대인을 학살한 인종차별주의자인 전범 독재자의 아이콘이 되어 버렸다.

히틀러의 인생을 바라보면서 우리는 어떤 생각을 할 수 있을까? 살아있는 동안 독일인들의 전폭적인 지지와 추앙을 받았지만 죽음 이후에는 전범과 독재자의 아이콘으로 영원토록 비난 받는 삶. 히틀러의 인생은 과연 성공한 인생이라고 할 수 있을까?

독일은 전쟁범죄자들의 죄를 끝까지 처벌하며, 지난 과오에 대해 대면하고 속죄하고자 하는 모습을 보이고 있다. 그렇기에 독일인들의 기억 속에서 히틀러는 다시는 나타나지 않아야 할 존재로 각인되어 있을 것이다. 세대를 거듭해도 이는 변하지 않을 역사이기 때문에 히틀러는 독일인들에게, 그리고 전 세계인들에게 절대 반복되지 않아야 할 재앙의 한 기록이 되었다.

❖ 셰익스피어

"사느냐, 죽느냐, 그것이 문제로다."

많은 문학작품들을 접하지 못한 사람이라도 어디선가 한 번쯤은 들어본 대사일 것이다. 이 대사는 영국의 세계적인 작가인 셰익스피어가 쓴 유명한 4대 비극의 하나인 〈햄릿〉에 나오는 대사이다.

셰익스피어는 우리에게 너무나도 잘 알려진 〈로미오와 줄리엣〉 이외에도 〈베니스의 상인〉, 〈햄릿〉, 〈맥베스〉 등 38편의 희곡과 여러 권의 시집과 소네트집과 같은 수없이 많은 작품들을 남긴, 영국이 낳은 세계 최고의 극작가라는 칭송을 받는 인물이다.

그런데 아이러니한 점은 전 세계 사람들 누구에게 묻는다 하더라도 이름을 모르는 이가 없는 그의 생애는 온통 의문투성이라는 점이다.

셰익스피어의 전기에 대해서는 '5퍼센트의 사실과 95퍼센트의 억측'으로 이루어져 있다는 말이 있을 정도로 그의 생애는 미스테

윌리엄 셰익스피어
1564.4.26. ~ 1616.4.23.

리한 부분들이 많다.

 셰익스피어의 생애와 관련한 내용들은 추정할 수 있는 내용일 뿐 정확하지 않기 때문에 이런 미스테리한 부분이 존재하는 것이기도 하다. 현대에 와서는 셰익스피어의 작품으로 알려진 38편의 희곡 외에도 다양한 작품들이 밝혀졌지만, 만약 사후에 오랜 친구이자 동료였던 존 헤밍과 헨리 콘델이 셰익스피어의 작품집을 간행하지 않았더라면 지금의 그가 존재할 것인지 의문을 가지는 이들도 있다.

 영국에서는 지금까지도 셰익스피어와 관련한 학회를 매년 개최할 만큼 셰익스피어를 연구하고 그의 작품들에 대한 분석을 하는 활동이 끊이지 않고 이어지고 있는데, 일부에서는 셰익스피어에 대한 과대평가라고 지적하는 의견들도 있다. 또 다른 대작가인 볼테르와 톨스토이도 셰익스피어를 깎아 내린 기록이 있고, 현대의 유명한 극작가인 조지 버나드쇼도 "셰익스피어는 다른 사람이 이미 쓴 내용을 뒤따라 썼을 때에만 진정으로 훌륭한 극작가"라고 비아냥 거리기도 했다.

 전 세계적으로 유명한 작가이면서 절대적인 권위를 가지지만 그럼에도 그의 작품에 대한 연구와 분석, 비평이 끊임없이 이어지는 셰익스피어의 인생은 과연 어떻게 평가할 수 있을까? 그의 작품성과 유명세를 믿어 의심치 않는 이들에게는 물론 성공한 인생이겠지만, 그의 작품에 대해 비판과 부정적인 시각을 가진 이들에게는 과장된 삶이라 평가될 수도 있는 것이다.

사후 오랫동안 지속된, 그리고 앞으로도 계속될 것이 분명한 그의 작품에 대한 분석과 평가 속에서 셰익스피어의 인생은 성공한 삶으로 기록될 것인가?

❖ 소크라테스

"너 자신을 알라"

이 말은 고대 그리스의 철학자 소크라테스의 명언이다. 플라톤, 아리스토텔레스와 함께 고대 그리스의 철학의 전성기를 이룩한 철학자인 소크라테스는 기원전 5세기경 고대 그리스의 아테네에서 활동하였으며, 문답법을 통한 깨달음과 무지에 대한 자각, 덕과 앎의 일치를 중시한 철학자이다.

그는 우리가 고대 그리스의 조각상 유물들을 통해 유추해볼 수 있듯이 외모지상주의가 만연했던 고대 그리스에서 상당히 못생긴 외모를 가지고 있었다고 한다. 하지만 그럼에도 불구하고 남루한 옷차림으로 광장을 거닐고 있으면, 그에게 다양한 계층의 제자들이 모여들어 그의 가르침을 원했다고 하니 소크라테스가 그 당시 아테네 청년들을 얼마나 지적으로 매혹시켰는지 알 수 있는 일화일 것이다.

또한 가르침을 통해 세속적인 명예와 부를 누렸던 소피스트(Sophist)들과 달리 소크라테스는 가르침의 대가로 돈을 받지 않았다. 즉, 부(富)에 연연하지 않는 삶을 추구했던 듯 하다.

고대 그리스의 철학은 소크라테스 이전과 이후로 나뉜다고 할 정도로 철학사에서 소크라테스의 철학사상이 갖는 의미는 크다. 지금까지도 남다른 교육 방법론을 강조할 때 많이 사용하는 플라톤식 문답법이라고 하는 것은 사실 소크라테스의 제자인 플라톤이 소크라테스의 문답법을 발전시킨 것이다. 소크라테스 이전부터도 존재했던 질의응답을 통한 지식을 추구하는 변증법적 방법을 소크라테스는 적극적으로 활용하여 발전시켰던 것이다.

우리에게 너무나도 유명한 "너 자신을 알라" 는 격언은 스스로의 무지를 자각하고자 한 소크라테스의 철학을 잘 보여준 말로 유명해졌다. 소크라테스는 자신은 아무것도 모른다고 말하고 다니며 인간 스스로의 무지에 대한 자각과 문답법을 통한 내면의 탐구를 통해 철학적으로 발전시켜 나갔다.

이렇게 철학적인 깊이를 통해 아테네의 다양한 계층의 젊은이들로 하여금 가르침을 얻고자 하게 했던 소크라테스의 사상은 그 당시 그리스의 정치인들에게 정치적으로 해석될 여지를 가지고 있었다. '현인(賢人)에 의한 통치', '청년들을 미혹하는 그의 화려한 언변'과 같은 부분들이 아테네의 민주주의 정부에 대한 위협으로 비춰졌고, 결국 아테네의 신을 믿지 않으며 청년들을 미혹시

컸다는 죄목으로 사형까지 당한다. "악법도 법이다." 라는 말 역시 소크라테스가 남긴 유명한 말이다.

고대 그리스 시대로부터 현대에 이르기까지, 철학사에 큰 획을 그은 소크라테스의 죽음을 통해 우리는 삶에 대해 어떤 생각을 하게 되는가?

고대 그리스 아테네의 수많은 청년들에게 사랑받았고, 사후 오랜 시간이 흐른 지금까지도 명언과 사상들이 회자되는 소크라테스의 억울한 죽음. 누군가는 그의 죽음에 대해서 멋지다고, 또 누군가는 슬기롭지 못했던 일이라고 볼지도 모른다. 옛말에 '개똥밭에 굴러도 이승이 낫다'라는 말이 있듯이 죽음을 불사해가면서 반드시 지켜야 할 만한 신념이라는 것이 무엇인가? 질문을 던질 수도 있다.

살아서도 죽어서도 많은 이들에게 존경과 추앙을 받는 인생이지만, 죽음만큼은 비참하며 억울하다고 생각할 수 있는 소크라테스의 삶은 어떤가?

❖ 빈센트 반 고흐

자신의 화가 친구인 고갱과 다툼 끝에 자신의 귀를 자르고 붕대를 감은 모습의 자화상을 그린 것으로 유명한 빈센트 반 고흐의 작품을 우리는 주변에서 많이 볼 수 있다. 특히 반 고흐의 〈별이 빛나는 밤〉과 같은 작품은 모 전자제품의 CF에서도 사용될 정도로 유명하다.

반 고흐는 네덜란드 출신으로 프랑스의 파리에서 인상파와 신인상파의 영향을 받아 그만의 특유의 화풍을 만들었다. 대표적 작품으로는 〈해바라기〉, 〈아를르의 침실〉, 〈자화상〉 등이 있으며 그의 이름을 붙인 많은 전시회들과 미술관련 책, 작품집 등이 지금까지도 많은 흥행을 끌고 있다.

그렇다면 빈센트 반 고흐는 우리가 사랑하는 작품들을 그려내던 시간들 속에서 과연 행복한 삶을 보냈을까? 반 고흐의 생전의 시간들은 그의 아름다운 작품들만큼이나 성공한 삶이었을까?

아쉽게도 반 고흐의 인생은 비극적일 정도로 짧은 생애였다. 1886년 프랑스의 파리로 이주하면서 그는 인상주의 화가들과 신인상주의 화가들의 영향을 받으면서 많은 미술가들과 친구가 되었고 폴 세잔, 폴 고갱과 같은 미술가들의 작품을 탐닉했다.

그는 빛의 효과들에 대해 탐구하면서 색채 이론을 연구하였고, 그의 작품들에는 빛과 관련된 그림들도 자주 볼 수 있다. 자신의 친 동생인 테오의 도움으로 미술가로서의 생활을 계속 유지하던 반 고흐는 테오와 다투고 난 후 남프랑스로 옮겨가서 200여 점이 넘는 작품을 그렸고 고갱과 함께 작품 활동을 하기도 했다.

고갱과 반 고흐는 친구이자 동료로서 함께 작업을 했으나 결국 사이가 악화

되었고, 이 일로 반 고흐가 자신의 귀를 잘라버리는 충격적인 일을 저지르게 된다. 이 일을 계기로 고갱은 반 고흐의 곁을 떠나갔고, 반 고흐는 정신병원에 입원을 하게 된다. 하지만 정신병원에서 치료를 받는 중에도 고흐는 작품 활동을 멈추지 않았고 앞서 이야기 했던 표현주의적 작품인 〈별이 빛나는 밤〉을 완성시켰다.

빈센트 반 고흐 作, 자화상, 1889.

정신병원에서 나온 이후에도 고흐는 작품 활동을 열정적으로 이어 나갔지만 결국 자신의 가슴에 총을 쏘았고, 동생 테오의 곁에서 세상을 떠났다.

미술사에 한 획을 그은 빈센트 반 고흐는 살아 생전 작품을 통해 돈을 많이 벌지 못했기 때문에 생활고에 시달렸고, 괴팍한 성격과 정신병으로 인해 행복한 삶이었다고는 이야기 할 수 없는 삶을 살았다.

그의 일생은 불운과 실패의 연속이었지만 정작 그가 죽고 난 후 그의 작품들은 가치를 찾아 빛을 보게 되었다. 미술작품은 작가의 사후에나 비싼 값으로 평가를 받게 된다는 말이 있듯, 반 고흐는 죽음 이후 영예를 누리게 된 화가인 셈이다.

1987년 3월 30일 반 고흐의 그림 〈아이리스〉가 뉴욕의 소더비즈에서 5,390

만 달러라는 기록으로 판매가 되었다. 당대에는 아무도 그 천재성을 알아주지 못했으나 죽음 이후 그 천재성과 작품성을 인정받아 세계에서 가장 유명한 미술가가 된 빈센트 반 고흐. 살아가는 동안은 실패한 인생이라고 여겨졌을지 모르겠지만 죽음 이후 그의 인생을 감히 누가 평가절하할 수 있을까?

📝 성공의 기준은 저마다 다르다

생전엔 국민적인 영웅으로 추앙 받았지만 사후에는 전 세계적으로 독재자의 아이콘이 되어 역사 속에서 지워지지 않은 채 두고두고 악인으로 기억될 아돌프 히틀러.

사후에도 연구와 분석이 끊임없이 이어지면서 최고의 작가라는 평가와 그 반대의 비판을 동시에 받는 셰익스피어.

아테네의 모든 청년들에게 사랑을 받았고 철학사는 그의 등장 전과 후로 나뉜다고 할 정도로 위대한 철학자이지만, 억울한 죽음으로 져버린 별 소크라테스.

살아가는 동안 수없이 많은 아름다운 작품들을 창작해내면서도 정작 자신의 삶은 너무나도 피폐하고 힘들었으며, 비극적인 죽음으로 생애를 마쳤지만 사후에는 세계에서 가장 유명한 미술가가 된 빈센트 반 고흐.

지금까지 여러 유명 인사들의 파란만장한 삶의 단면들을 알아보았다. 만약 이 이야기들이 소설이었다면, 또 이 소설 속의 주인공이 당신이라면 아마 당신은 어떤 삶도 고르지 않고 "제 운명은 제가 개척하겠습니다!" 라고 말하지 않을까? 그 이유는 사람들마다 경험해온 삶과 자신이 처해있는 환경에 따라 성공의 기준이 다르고, 또 그 기준은 언제든 변화할 수 있기 때문이다.

영웅처럼 희생적이고 위대한 삶을 살거나, 히틀러처럼 죽은 이후 독재자라는 비판을 받으며 두고두고 회자되는 삶을 살거나, 그것은 모두 본인 가치관의 문제이다.

서두에서 이야기한 것처럼 성공의 기준은 부의 축적일 수도, 외형적인 아름다움일 수도, 권력과 직업적인 결과물일 수도 있다. 어떤 이들은 유형적인 것들을 채워가는 것이 아니라 무형적이더라도 자신의 내면을 충족시킬 수 있는 어떤 가치들을 성공의 기준 척도로 삼기도 한다.

같은 목표를 향해 달려간다 하더라도 누군가는 전력질주를 통해 무조건 1등을 해야만 성공적인 결과라고 생각할 수도 있고, 누군가는 내 페이스를 지켜가면서 포기하지 않고 목표를 향해 완주하는 것을 성공적인 결과라고 생각할 수도 있다. 저마다 성공에 대한 그림과 기준이 모두 다르기 때문에 어떤 삶이 성공한 인생이다, 어떤 삶은 실패한 인생이다, 라고 단정지어서 이야기 할 수 없는 것이다.

이 글을 읽고 있는 이들을 위해 이야기 하고 싶은 것은, '내가 원하는 성공이 무엇인지 그대들은 스스로 잘 알고 있는가', '그대들의 성공적인 삶의 기준은 누군가에 의해 강요받지 않고 스스로 만들어낸 것인가', '내가 생각하는 성공은 정말 성공인가' 라는 질문들을 되짚어 보라는 것이다.

그런 이야기가 있었다. 요즘 아이들에게 꿈이 무엇인지 물었을 때, 많은 아이들이 꿈꾸는 모습이 아니라 특정 직업을 답하는 경우가 많다고 한다. 꿈과 목표, 되고 싶은 사람과 하고 싶은 직업을 구별하지 못하는 것이다. 그렇다면 그 아이들에게 묻고 싶다. 열심히 노력해서 그 직업을 가지게 되면, 너의 꿈이 없어지는 것이니?
많은 어른들이 자신의 성공한 인생에 대한 기준을 아이들에게도 심어주고, 아이들이 스스로의 성공한 삶에 대해 꿈꿀 수 있는 기회를 주지 않는 것은 아닐까. 성공한 인생이란 이 세상에 있는 사람들의 각기 다른 얼굴만큼이나 수많은 형태로 존재할 것이다. 그렇기에 타인의 삶을 직접 살아 보거나 가치관을 이해하지 못하면서 감히 그의 인생을 성공과 실패로 재단할 수 없는 것이다.

성공한 인생에 대한 가치와 기준, 스스로가 가야 할 방향은 그 누구도 강요하거나 맞는 길을 가르쳐 줄 수 없다. 함께 살아가는 세상 속에서 길을 잃거나 돌부리에 걸려 넘어진 이들을 만났을 때, 다시 일어서서 힘차게 걸어갈 수 있도록 손을 내밀어주는 정도가 우리가 할 수 있는 배려와 도움일 것이다.

03
꽃이 있는 자리에 곰팡이가 있다

📝 각자의 위치에서 살아가는 우리

　바쁜 일상 속에서는 계절의 변화도 잘 체감되지 않는다. 아침 출근길마다 추운 바람에 몸을 잔뜩 웅크리고 봄이 오기만을 기다리던 것이 엊그제 같은데, 어느 새 그렇게도 기다리던 봄이 성큼 우리 곁에 다가와 있다.

　앙상한 가지마다 소복이 쌓인 눈이 버거워 보이던 나뭇가지에 연한 연둣빛의 새싹들이 돋아나기 시작하고, 마른 나뭇잎 태우던 냄새는 달큰한 꽃 내음으로 바뀐다.

　꽃 향기에 취한 벌도 날아들고, 꽃의 줄기를 타고 높은 곳을 향해 기어 올라가는 개미도 보이고, 잎 줄기에 붙어 열심히 진딧물을 빨아먹는 애벌레를 볼 때도 있다.

여기서 조금만 더 따뜻해지면 여름의 차례다. 여름의 단골, 불청객 모기들도 함께 나타나겠지만 다행히 시원한 수박이 있으니 길고 긴 여름 밤 모기들에게 뜯기더라도 참아줄 만은 할 것이다.

들녘의 푸르름이 황금빛 색으로 변해가고 산마다 울긋불긋한 단풍으로 물들 때쯤, 오곡이 익어가는 수확의 계절에는 벌레들도 겨울을 버틸 에너지를 채우고자 인간이 가꾼 결실들을 탐한다. 밤나무 밑에 떨어진 뾰족한 밤송이 속 왕밤을 꺼내어 깨물었는데 벌레가 같이 씹히는 경험, 해 본 이들은 다 알 것이다.

이 세상은 인간들만 살아가는 것이 아니다. 길가에 핀 꽃들처럼, 봄날의 따스한 햇빛처럼, 산들산들 불어오는 바람처럼 우리의 입가에 미소가 절로 생기도록 하는 존재들도 있지만, 아름다운 것들이 아름다운 존재로서 피어날 수 있도록 자신의 자리에서 제 몫을 해내는 여러 존재들이 있다.

인간의 눈에 아름답지 않다고 느끼거나 인간에게 해를 끼친다고 생각하는 기준은 결국 인간이 만들어 낸 이기적인 기준일 뿐이다. 인간도 결국 자연을 구성하는 하나의 존재일 뿐, 커다란 자연 생태계 안에서는 모두 같은 존재에 불과하다.

자연의 품 안에서 모든 존재가 영향을 주고받으며 상생하고 있듯이 내 안에 내면의 생태계에서도 부정적인 마음과 긍정적인 마음, 미움과 선한 마음을 공존시켜서 조화로운 감각들을 형성해야 한다.

인간은 미숙한 존재다. 누구나가 붓다나 공자, 예수나 노자와 같은 깨달음을 얻은 자가 될 수 있는 것은 아니기에, 절대 다수의 평범한 사람들은 내면의 조화와 균형 안에서 늘 고뇌하면서 살아갈 수밖에 없다.

📝 꼴등이 있으니 일등이라 부르는 것이지

학창시절에는 성적과 점수로 평가 받는 것을 당연하게 생각했다. 그렇기에 시험기간이 되면 좋은 성적을 받기 위해 전날 밤을 꼬박 새워가며 교과서와 씨름을 하고, 친구들과 머리를 맞대고 정답을 맞춰보며 오답 하나에 바닥이 꺼져라 한숨을 쉬기도 하고 정답 하나에 뛸 듯이 기뻐하기도 했다.

그런데 내가 고등학교에 다니던 당시, 우리 반에는 학교에서 시험을 볼 때마다 꼴찌를 도맡아서 하는 친구 한 녀석이 있었다. 그때만 해도 성적이 나오면 1등부터 꼴등까지 일렬로 줄을 세워 만든 표를 칠판에 떡하니 붙여서 내 성적도, 같은 반 친구 녀석들의 성적도 비밀보장이 되지 않던 시절이었다.

그 성적순위표에는 항상 그 녀석의 이름이 맨 아래 꼴찌 칸을 고정으로 차지하고 있었다. 성적순위표가 칠판에 붙으면 1등은 누가 했는지, 내 성적은 몇 등을 차지했는지 눈에 불을 켜고 확인을 하다가 역시나 가장 아래 칸에 이름을 올린 그 친구 녀석을 보며 친구들은 모두 멍청이라고 놀려대곤 했었다.

남들이 다 공부한다고 코피가 터져가며 노력을 하는데 너는 왜 남들처럼 공부를 하지 않는 것인지, 남들처럼 좋은 성적을 받고 싶지 않은 것인지 우리는 그 녀석의 머릿속을 들여다보고 싶은 적이 한두 번이 아니었다. 기대를 저버리지 않고 이번에도 당당히 꼴찌를 차지한 그 녀석에게 우리가 짓궂은 농담들을 하고 있을 때, 우리들에게 던진 그 녀석의 한마디가 가히 걸작이었다.

"이 세상에 제일 필요한 사람은 나다!"

세상에 필요한 사람들은 잘 나가는 성공한 사람들이라고 생각하고, 우리도 그렇게 성공한 사람이 되기 위해 지금 이 힘든 시간들을 버텨내며 열심히 공부를 하고 있는 것인데, 교과서 한 번을 제대로 펴지 않고 수업시간에는 내내 잠만 자며 꼴찌를 도맡아서 하는 녀석이 그렇게 말하니 우리는 의아할 뿐이었다. 엉뚱한 말에 벙쪄 있다가 왜 그렇게 생각하느냐고 물어보니 그 녀석의 대답은,

"1등이 혼자 1등일 수 있어? 적어도 한 명이라도 꼴찌가 있어야 1등이라고 부를 수 있을 것 아니냐, 2등도 두 명 밖에 없으면 결국 1등이 아니면 꼴찌인 거야. 그러니 꼴찌인 내가 있어야 니들이 그렇게 하고 싶어 하는 1등 자리도 있지 않겠냐?"

그때 우리들은 뭐 이런 괴짜 같은 녀석이 있나, 라는 표정으로 웃었지만 나중에 생각해 보니 묘하게 설득력이 있었다. 내 생각에 늘 꼴찌를 하던 그 녀석

은 도를 깨우친 것이 틀림없었다.

그 녀석의 말처럼, 우리가 살아가는 이 세상에는 우리가 좋다고 생각하는 가치들만이 존재하는 것이 아니다. 아름다운 것을 아름답다고 생각할 수 있는 것은 그 아름다운 것과는 다르게 아름답지 않은 것, '인간의 기준이지만' 흉측한 것이 존재하기 때문에 그에 비해 아름답다고 느낄 수 있는 것이다. 우리가 추구하는 긍정적인 것, 좋은 것, 행복한 것들도 결국은 부정적이거나 나쁘거나 불행한 것이 있어야 느낄 수 있는 것이다.

온갖 산해진미와 맛있는 음식들만을 먹어본 이는 그 음식의 맛을 배고픔을 느껴본 이보다 무디게 느낄 수밖에 없는 것이다. 살아가면서 마주하게 되는 많은 아름다운 가치들은 아름답지 않은 가치들이 있기에 더욱 빛날 수 있다.

📝 좋고 나쁨의 경계선

봄이 오면 거리의 풍경들이 달라진다. 겨울 내내 혹시라도 꽃이 얼어서 상하지는 않을까 문을 꽁꽁 닫아두던 꽃집들이 봄이 되면 따스한 햇볕을 담으려고 가게 앞에 화분들과 꽃들을 내놓는다.

고운 색과 저마다의 향을 뽐내는 아름다운 꽃들을 통해 사람들은 꽃집 앞을 지나면서 봄을, 소소한 행복을 느낀다.

하지만 꽃가루 알러지가 있는 사람들에게도 봄이 마냥 반가운 계절일까? 보편적으로 사람들에게 봄은 만물이 싹을 틔우고 생명력이 불어넣어지는 계절이겠지만, 꽃가루 알러지가 있는 이들에게는 봄이 온다는 것은 또 재채기와 비염으로 고생해야 한다는 것을 의미한다. 누군가에게는 아름다운 좋은 계절이 누군가에게는 너무나도 힘들고 불편한 계절이 되기도 하는 것이다.

따뜻한 계절이 시작된다는 것은 인간에게만 반가운 것이 아니라 지구상에 있는 모든 자연의 생명체들에게도 반가운 계절의 시작이다. 겨울 내내 꽁꽁 얼었던 땅들이 살아 숨쉬기 시작하고 땅속에 웅크리고 있던 애벌레와 지렁이들이 깨어나 움직인다.

　날이 더워지는 여름이 되면 모기들이 출현하여 열대야로 잠 못 이루는 긴긴 밤을 더 힘들게 만들기도 한다. 맛있는 음식을 만들어도 금세 쉬어버리거나 곰팡이가 피어 먹지 못하고 버려야 하는 일들이 생기기도 하고, 긴긴 장마를 맞이하면 언제 생겼는지도 모르게 곰팡이들이 출현해 사람들을 놀라게 하기도 한다.

　아름다운 꽃들과 파란 하늘, 따스한 햇볕은 참 반가운 손님인데, 함께 찾아오는 지렁이와 모기, 곰팡이, 해충과 같은 손님들은 께름칙한 것이 사실이다. 그렇다면 이 손님들은 나쁜 것이라고 생각할 수 있을까? 만약 그렇다고 대답하는 이가 있다면 묻고 싶다. 누구에게 나쁜 것인가?
　그 대답은 간단하다. 바로 인간에게 해롭다고 느껴지기 때문에 나쁘다고 대답할 수 있는 것이리라. 이 대답을 한 이는 인간을 기준으로 이로운가, 해로운가를 규정한 것뿐이다. 이 얼마나 편협한 기준이란 말인가.

　음식물 쓰레기 종량제가 시작되면서 많은 사람들이 음식물 쓰레기를 처리할 수 있는 다양한 방법들을 고민할 때, 지렁이가 대안으로 떠오른 적이 있었다. 흙 속에 사는 지렁이가 음식물 쓰레기가 썩고 발효가 되어 흙을 되살릴 수 있도록 분해를 하는 역할을 한다는 뉴스였다. 그 외에도 지렁이라는 존재는 부드럽고 질 좋은 토양을 형성하여 농산물을 얻을 수 있게 해주는 고마운 땅의 친구다.

또한 우리가 해충이라고 생각하는 각종 벌레와 곤충들은 자연 생태계 속의 먹이사슬 안에서 누군가의 먹이가 되어, 인간에게 양식이 전달될 수 있게 하기도 한다. 또 우리가 먹는 다양한 버섯들은 대부분 곰팡이의 일종이다.

이렇게 자연의 생태계 안에서 살아가는 존재들은 돌고 돌아 서로에게 해가 되기도, 이익을 주기도 하면서 영향을 주고 받는다. 그렇기에 무조건 좋다, 나쁘다, 라고 판단할 만큼 천편일률적인 기준을 세울 수가 없는 것이다.

만약 그럼에도 해충과 같은 자연의 존재들이 해롭다고 느껴진다면, 역지사지로 생각해보자. 우리는 모두 자연의 생태계 내에서 잠시 자리를 빌려서 사용하고 있는 존재들인데, 자연 생태계 속의 많은 존재들에게 인간은 얼마나 해로운 존재겠는가?

 일체유심조

주택에서 생활을 하다 보면 마당에 작은 텃밭이 딸려 있는 경우가 있다. 이 작은 텃밭들에 토마토나 상추 같은 것들을 심어두면 따서 먹을 수 있을 정도로 컸을 때 한두 개씩 수확해서 바로 먹는 재미가 참 쏠쏠하다. 가끔은 그 작은 공간에 배추 대여섯 포기가 너끈히 자라, 봄에 입맛이 없을 때 겉절이 김치라도 담가서 입맛을 되찾는 고마운 수확이 되기도 한다.

주택 생활의 로망은 모름지기 작은 텃밭과 큰 개를 키우는 것인데, 큰 개를 키워본 사람들은 알 것이다. 고작 개 한 마리를 키우는 데 엄청난 배설물이 나온다는 사실을. 큰 개든 작은 개든 처음 키울 때면 배설물을 처리하는 일 자체가 쉽지 않다. 한 생명을 키운다는 것의 어려움을 느낄 때쯤, 아직 씨를 심기 전인 마당의 텃밭에 묻어서 처리하면 되겠다는 생각을 하게 되었다.

마당의 양쪽 텃밭 중에 한 곳을 정해 그곳에 키우던 개의 배설물을 묻는 식으로 처리를 했었는데, 그 해에는 텃밭에 배추를 심었던 해였다. 어느 쪽 텃밭에 유독 해가 잘 드는 것도 아니고 물을 주는 것도 공평하게 주었을 뿐만 아니라 같은 모종을 받아와서 심었는데도, 봄에 배추를 수확할 때쯤 너무나 신기한 결과가 나타났다.

더럽다고 생각했던 개의 배설물을 묻어서 처리했던 텃밭에서 자란 배추가 반대쪽 텃밭의 배추보다 무려 두 배는 크게 자라났던 것이다. 뿐만 아니라 배추를 반으로 쪼갰을 때 속이 노오랗게 가득 찬 것이 웬만한 김장김치를 담아도 될 정도로 잘 자란 것을 볼 수 있었다. 치울 때마다 한 생명을 키운다는 것이 이렇게 힘든 일이구나, 라고 느껴지게 했던 개의 배설물이 무려 두 배나 크게 자란 배추로 돌아온 것이다. 역시 이 세상에 더럽고 쓸모 없기만 한 것은 없었.

마음속에서 귀찮게만 느껴졌던 일들이 우리집 텃밭을 양분이 가득한 흙으로 변하도록 만들었다니, 오히려 개에게 고맙다는 생각마저 들었다. 배추뿐만이 아니라 그 텃밭에서 자라는 작물들은 다른 작물들보다 더욱 싱싱하고 건강하게 자라는 광경을 목격한 덕분이다.

어떤 일을 더럽고 귀찮게 느끼느냐, 또는 감사함으로 느끼느냐는 전부 마음먹기에 달린 것임을 알게 해 준 고마운 경험이었다.

비워야 차고 많으면 공허하다

흔히들 가지고 있는 재화나 거느린 사람, 따르는 인물들이 많으면 행복하고 값진 삶이라고 생각한다.

그럼 한번 머릿속에 그려 보자. 여기에 두 명이 있다. 부유하고 안정적인 부모님 슬하에 자라난 사업가 A씨(36세)와, 유복하지 못한 편모가정에서 자라 일용직 노동자로 하루하루를 살아가는 인력사무소 노동자 B씨(37세)다.

누가 봐도 전자가 더 행복한 삶이다. 외제차와 국산차 두 대를 몰며, 서울 중심부에 본인 명의의 아파트가 있고, 교제하는 이성도 있으며 언제라도 조건을 보고 본인의 취향에 맞는 상대와 결혼할 수 있다. 결혼하지 않고 욜로(Yolo)족으로 살더라도 행복하지 못할 것은 없다. 근처에는 좋은 사람과 멋진 친구들, A씨의 부탁이라면 웬만한 것은 모두 들어줄 지인들도 많다.

거기에 가족들과 친척간 관계, 건강까지 원만하니, 대한민국 사람이라면 누구나 마다하지 않을 중산층의 삶일 것이다.

반면 B씨는 어떤가. 성공한 사업가 A씨와는 완벽한 대척점에 서 있다. 새벽

같이 일어나 인력소로 나간다. 점퍼에 얼굴을 푹 파묻고, 때론 동전을 털어 인스턴트 커피를 마시며 몸을 녹이다 보면 소장이 와서 그날 일할 사람들을 선택한다. 거기서 뽑히면 트럭에 실려 일터로, 뽑히지 않으면 또 다른 인력사무소들을 전전하며 발품을 팔아야 한다.

사는 곳 역시 A씨와는 사뭇 다르다. B씨는 고시공부를 하는 학생들이 주로 찾는 노량진의 고시원에서 생활한다. 싼 값에 괜찮은 음식을 먹을 수도 있고 방세 역시 서울에서 가장 저렴하기 때문이다. 휴대폰은 요즘 세상에도 스마트폰이 아닌 폴더폰. 연락을 하는 사람은 고교 동창 몇몇과 건강 악화로 15년째 병상에 계신 어머니의 병원뿐이다.

자, 우리는 당연히 A씨가 훨씬 행복하다고 생각할 것이다. 가진 것이 많고 넉넉한데다 현대인들이 그토록 찾는 '안정'적인 삶을 잡았다고 말이다.

하지만 그 안에서는 놀라운 진실이 숨어 있다. A씨는 수 년 전부터 우울증과 강박증을 앓고 있었고, 자신이 가진 자산을 증식시켜야 한다는, 또 재산을 노린 범죄가 언제 일어날지 모른다는 불안 때문에 오랜 기간 불면증에 시달려 온 상태였다.

A씨가 가벼운 이성교제만 할 뿐 결혼을 하지 않았던 이유 역시 같았다. 누군가와 진지하게 만난다면 내 재산이 축나진 않을까, 또 가진 것을 보고 접근해 오는 것은 아닐까, 하는 생각으로 진심 어린 사랑을 하는 법을 잊었기 때문이다. 대외적으로는 인텔리하고 젠틀하며 사회성도 사교성도 좋은 사람이지

만 그 속은 곪아 들어가고 있는 것이다.

　반면 B씨는 하루하루가 행복하다. 그가 버는 돈의 대부분은 적금으로, 그리고 어머니의 병원비로 들어가지만 공사판에서 오랫동안 단련된 몸은 무쇠처럼 건장하다. 술담배도 하지 않고 건강한 장기들을 물려받았기에 나이는 마흔 줄에 가깝지만 검진을 받으면 20대 못지 않은 기능이 나올 정도다.

　가지고 있는 것은 얼마 없지만, B씨의 마음은 그래서 평화롭다. 남을 이겨야 한다거나 당장 돈을 벌어 무엇을 사야겠다는 욕심도, 내가 가지지 못한 것을 가진 사람들에 대한 질투도 없다. 그렇게 세 끼를 먹고 지붕 있는 집에서 자고 본인이 필요한 곳에서 일할 수 있으니, B씨는 "행복하세요?" 하고 묻는 질문에 답한다.

　"행복하지 않을 이유가 있나요?"

　위의 사례는 다소 각색은 되었으나 실제 내가 보고 듣고 경험한 이야기를 글로 옮긴 것이다. 삶의 양면성을 볼 수 있는 것이 어디 이 한 면뿐이겠는가. 인간의 성격을 도형으로 나타나면 팔각형 이상의 다면체가 나온다고 한다.

📝 편견

사회생활을 하다 보면 나도 모르게 편견을 가지게 되는 순간들이 있다. 누군가의 외모나 그동안 해왔던 발언들, 또는 어떤 집단에 속해 있는가에 따라, 행동에 다른 의도가 있다고 생각하거나 호의나 친절에 편견을 담아 바라보게 되는 경우 말이다.

내 안에 있는 편견 때문에 혼자 오해를 했다가 시간이 지나서 진실을 깨닫거나, 오히려 나를 도와주려고 한 행동임을 알게 되었던 경험이 다들 있을 것이다. 그 순간 어떤 기분을 느꼈는가? 나는 미안하면서도 부끄러운 마음이 들었다.

개를 키우며 마음먹기에 따라서 얼마나 많은 것들이 감사함으로 다가올 수 있는지 알았다고 생각했음에도, 아직도 나는 아는 만큼 행동하고 있지 못했으니 말이다.

우리가 너무나도 잘 알고 있는 원효대사의 해골물 일화를 생각해보자. 늦은 밤 어두운 동굴 안에서 내 갈증을 해결해준 그 달고 시원했던 물이 아침에 알고 보니 해골에 고여있는 물이었음을 알고 난 후 역겨움을 느낀 원효대사의 일화를 통해, 세상 만물은 오로지 그 자체일 뿐임을 알 수 있다.

지금까지 많은 일화들로 우리는 좋고 싫음, 옳고 그름, 성공과 실패, 미추는 절대적일 수 없다는 것을 알았다. 그렇기에 인간인 우리가 느끼는 모든 것은 결국 내 마음으로부터 오는 것임을 알 수 있다.

"예쁜 여자는 금전적으로 풍족하며 삶의 만족도가 높을 것이다."
"저 사람은 키도 작고 왜소하니 분명 사회적 지위도 낮을 것이다."
"나는 배경이 좋지 않으니 크게 성공하지 못할 것이다."
"로또에 당첨된 지인은 분명 행복할 것이다."

이 모든 생각들이, 인간이기에 빠질 수밖에 없는 섣부른 일반화이자 현상의 단면만을 보아서 생긴 오류라고 볼 수 있다. 자신의 외모가 현대적 미의 기준에 부합한다고 하여 삶의 만족도가 높지만은 않다. 그로 인해 얻는 것이 있으면 잃는 것도 있다. 뛰어난 외모 때문에 스토킹이나 각종 협박을 받은 모델들, 연인들의 집착으로 사랑도 사람도 불신하게 된 사람들의 이야기는 굳이 연예인이 아니더라도 흔히 찾아볼 수 있다.

키가 작고 왜소하다고 불만족스럽다거나, 자본이 없어서 사업에 성공하지 못한다거나, 로또에 당첨되면 행복하다거나 하는 논제들도 마찬가지다. 본인의 외모 콤플렉스를 장점으로 승화시킨 사람들은 수없이 많다. 배경이 성공을 가늠하는 열쇠라면 '개천에서 용 난다'는 옛말이 왜 생겨났겠는가? 어느 프로그램에서 조사한, 로또 당첨자 10년 이후 인터뷰를 보면 80% 이상이 행복하지 않다고 답했다고 한다.

물론 일반성을 무시할 수는 없다. 다만 그에 못지 않게 중요한 요소는 양면성이다. 선과 악은 결국 인간의 관점과 시대의 기준인 것처럼, 세상에서 일어나는 다양한 현상들을 액면 그대로만 받아들이고 판단하는 것은 섣부르고 광의적이다. 그래서 우리는 현상 밑의 현상, 또 그 현상을 분해해 볼 수 있는 세밀한 시각을 개안할 필요가 있다.

📝 인간 존재의 필연적 양면성

"인간은 양면적이다."

이 하나의 문장이 4장의 핵심이자, 필자가 담아내려 했던 이야기 모두를 관통하는 줄거리라 할 수 있을 것이다. 인간이 양면적이라는 것은 곧 인간의 말, 행동, 사유, 물질계에서 일어나는 현상, 인간이 연구한 인문학, 심지어 0과 1로 구분되는 수학적 세계에서조차 인간의 해석에 따라 양면성이 존재한다.

독실한 신자에, 홀어머니를 부양하면서도 꾸준히 보육원과 불우이웃에게 봉사하고 기부금을 내는 한 청년이 있다. 이 청년은 겉으로도 속으로도 건실하지만 문제가 하나 있다. 바로 집을 나간 아버지의 피를 물려받아, 술만 마시면 참지 못하고 폭력까지 이어진다는 점이다.

그래서 자질구레한 시비도 많이 붙었고, 이전에 교제하던 여성에게는 폭력까지 행사해 경찰서를 다녀온 청년은 과연 좋은 사람일까 나쁜 사람일까. 평소에는 착하지만 죄를 졌으니 적당히 좋고 조금은 나쁜 사이라고 해야 할까? 아니면 사실에 기반해 '전과가 있고 폭력은 행사하지만 선행도 하는 평범한 인간'이라고 표현해야 할까? 정답은 없다.

　성리학을 집대성한 주자는, '날마다 진보하지 않는 자는 날마다 퇴보한다'고 하였다. 우리의 시선도 마찬가지다. 치열하게 사유하고, 세상을 다각화하여 보려 노력하지 않으면 보편성의 굴레에 갇히고 만다. 머리는 굳고 사고는 닫힌다. 우리 삶의 양면성을 끌어내고 분석하려 노력하는 행위는 그래서 의미가 있다.

📝 부처님, 공자님, 예수님 말씀

지금까지 이야기한 내용들을 보며 누군가는 '나더러 부처님처럼 득도를 해서 살라는 뜻인가?' 라고 생각할 수 있다. 하지만 우리가 지금까지 이야기 한 내용들은 그런 것이 아니다. 부처님, 공자님, 예수님, 그 외 성인군자가 되는 것이 그토록 쉬운 일이었다면 우리가 살아가는 이 세상이 왜 이렇게도 복잡하게 얽히고 설켜 사람들이 관계 속에서 상처받고 아파하며 힘들어 하겠는가.

이 세계, 지금 현재를 살아가고 있는 우리 모두가 성인군자가 되는 것은 불가능한 일이기에 우리에게는 많은 고민과 노력이 필요하다.

지금까지 이야기한 것들은 세상 만물의 본질에 대한 이야기이다. 즉, 마음에서 일어나는 어떤 기준으로 인해 만물을 규정하려고 하는 것도 인간의 본질이다. 이 글을 읽고 있는 우리 모두가 다름이 아닌 이 점을 알고 인정하자는 것이다.

우리가 살아가고 있는 이 세상 속에는 절대적으로 악하다고 말할 수 있는 것도, 절대적으로 선하다고 말할 수 있는 것도 없다. 단편적으로 드러난 일들만을 보고 선과 악으로 평가할 수 있다는 것은 인간의 오만이며, 모든 일의 이면에는 내가 알거나, 알지 못하거나 각자의 사정과 그들만의 이유가 있을 수도 있는 것이기에 신이 아닌 이상 우리는 그 어떤 것에도 절대적으로 규정할 수 있는 기준을 가질 수는 없다.

또한 완벽하게 성공한 인생도, 완벽하게 실패한 인생도 타인인 우리는 함부로 평가할 수 없다. 시간이라는 흐름 안에서 인간이 정한 기준이란 언제든지 바뀔 수 있기에 어떤 인생도 옳고 그름, 성공과 실패, 잘 산 것과 못 산 것을 나눌 수 없는 것이다.

인간이라는 존재는 자연의 일부분으로 존재할 수밖에 없는 작디작은 존재다. 우리 또한 세상을 아름답게만 볼 수는 없음을 인지하고, 이 세상의 이치와 흐름에 맞게 제 몫을 할 수 있는 존재가 되어야 한다.

거듭 반복하지만 요점은 '인정'이다. 절대 다수의 평범한 우리들은 성인군자가 되기에 갈 길이 너무 멀다. 울고 싶을 때는 울고, 웃고 싶을 때는 웃고, 화가 나는 일에는 건강하게 화를 내기도 하며 살아가는 것이 가장 건강한 인생일 것이다.

성인군자처럼 참고 인내하면서 왼뺨을 맞으면 오른뺨도 내어주는 삶. 누군가에게는 가능할 수도 있겠지만, 다수의 평범한 사람들은 아마 홧병이 나고 말

것이다. 그렇다고 자신의 감정에만 치우치는 것 또한 건강한 삶은 아니다. 그렇게 되면 결국 관계는 고립되고, 인간의 삶 역시 피폐해질 것이기 때문이다.

그저 나라는 존재가, 이 땅에 살아가고 있는 인간이라는 존재가, 그들이 함께 모여서 살고 있는 우리라는 존재가 그렇다는 것을 인정하는 것에서부터 건강한 삶이 시작된다.

📝 건강하게 사는 비법

건강한 삶을 살아가는 것, 이것이 지금까지 이 책을 쓴 이유이자 이 책을 읽고 있는 이들에게 하고 싶은 이야기라고 할 수 있다. 나는 이 책을 읽고 있는 독자들이 세상 속에서 복잡한 인간관계들과 수없이 많은 기준들을 마주하게 될 때, 자기 내면의 이야기에 귀를 기울이며 살아가기를 바란다.

그렇다고 독불장군처럼 나의 내면의 이야기에만 귀를 기울이라는 것은 아니다. 다만 나를 잘 아는 것. 내 안에도, 나를 둘러싼 모든 사람들과 모든 존재들의 안에도 양면성이 있다는 것을 인정하는 것. 그리고 내가 귀를 기울여야 할 내면의 이야기를 가득 채워가는 것이 필요하다.

세상에서 벌어지는 모든 일들과 세상의 만물에는 양면성이 있고, 모든 것들은 시간과 상황과 환경에 따라 상대적일 수 밖에 없기에 절대적으로 옳은 진리는 존재하지 않는다. 내가 옳다고 믿어 의심하지 않은 일조차 때론 옳지 않을 때가 있고, 남들이 절대 다수가 옳다고 믿는 일들조차 시간의 흐름 속에서, 또는 역사의 흐름 속에서 옳지 않은 일이 될 때가 있다. 그러니 모두가 바라는 기준에 따라 보편적인 가치만을 자신의 기준으로 삼아서 남들 눈을 따라 살아가지도 말고, 그렇다고 모두가 이해할 수 없는 길임에도 독단적으로만 살아가지도 말자.

함께 어우러져 살아가야 하는 이 세상 속에서 나와 나를 둘러싼 내 사람들과 함께 걸어갈 수 있는 방법이 무엇인지, 나를 둘러싼 우리만이 아니라 우리 곁에 있는 이들이 소외되는 이들이 없는지를 살펴가며, 이 길이 과연 어떻게 해야 모두가 행복할 수 있는 길인지를 항상 고민한다면, 그 자체만으로도 우리는 성공을 향한 시작점에 발을 디딘 것이라고 생각한다. 이제는 힘차게 발을 굴러 한 걸음씩 앞으로 나아가보길 바란다.

모두 같을 수는 없어요

너무나 유명한 이야기를 하나 예시로 들고 싶다.

컵에 물이 반쯤 차 있을 때 누군가는 "컵에 물이 반이나 남아있네?" 라고 이야기를 하고, 누군가는 "컵에 물이 반밖에 남지 않았네?" 라고 이야기를 한다. 이 이야기를 통해 우리는 긍정적인 말의 힘과 부정적인 말의 힘, 긍정적으로 세상을 바라봐야 하는 필요성에 대해 이야기하곤 한다.

물론 모든 사람이 세상을 긍정적으로 바라본다면 참 행복한 세상이 될 것 같지만, 과연 그것이 가능할까? 물이 반 정도 차 있는 컵을 바라보고 있는 사람이 어떤 상황일지 우리는 생각해 봐야 한다. 아직 목이 마르지 않아서 물을 마시고 싶지 않은 사람에게는 그 컵을 바라볼 때 컵에 물이 반이나 남았다고 생각할 수 있겠지만, 오랜 달리기를 하고 목이 무척 마른 사람에게 같은 생각을 강요할 수 있을까?

간절한 사람은 물이 겨우 반밖에 남지 않았다고 생각할 수도 있다. 현상의 단면만을 보고 무엇이 옳은 것인지 기준을 내세울 수는 없는 것이다.

우리가 살아가고 있는 현대는 시시각각 변화한다. 누군가는 세상의 변화 속도를 버거워하지만, 또 누군가는 아직도 느리다고 생각하면서 그 변화를 선도해 가기도 한다. 그리고 누군가는 세상의 변화와는 무관하게 자신들만의 속도로 페이스를 유지하면서 살아가기도 할 것이다.

우리는 모두 각자의 속도가 있다. 그것은 지금까지 경험해온 세상과 살아온 환경, 주어진 모든 것들이 복합적으로 작용하여 지금의 우리를 형성하기 때문이다. 그렇기 때문에 모두가 같을 수는 없다. 또한 모두가 같은 속도와 같은 마음을 가질 것을 강요할 수도 없다. 모두가 다르다는 것, 그것이 이상한 일이 아니라는 것을 우리는 알아야 하고 이해해야 한다.

이 세상의 모든 것들이 다른 모습과 양면성을 가지고 있듯, 지금 당신의 모습 역시도 옳고 그르다고 평가하거나 성공과 실패로 판단할 수 없는 당신 그대로의 모습인 것이다. 그런 모습 하나하나가 모여 우리가 살아가고 있는 이 세상을 구성하고 있다.

혹시 다른 사람들의 보편적인 기준과 세상의 속도에 발맞추기 버겁고 힘들다고 느끼는 이가 있다면, 걱정하지 말라고 이야기 해주고 싶다. 우리 모두는 같을 수 없다고. 당신의 모습 그대로가 아름다우니 힘을 내어 자신의 길을 걸어가라고 말이다.

맺음말

세상에 감춰진 아름다움들을 찾아서

한 송이 꽃이 핀다. 강낭콩만 한 잎이 둥글게 모여 있는가 싶더니 눈 깜짝할 새 개화했다. 중앙에 있던 꽃잎들은 그 찌뿌둥한 몸을 펼쳐 커다랗고 아름다운 향기를 뿜어내었다. 그러나 그 잎을 틔운 장소가 어두웠다. 하필이면 햇빛이 들어오지 않는 지하였다. 꽃은 고개를 위로 치켜올린다. 그러나 그 뿌리는 더 낮은 곳으로 자란다. 꽃의 주위에는 악취와 먼지, 곰팡이가 가득 흐르고 있었다.

인간은 언제나 의식적으로 무의식적으로 '평가하는' 것을 즐긴다. '인간과 외부 세계의 양면성'에 초점을 맞춰 써 내려간 원고의 대부분이 이와 관련된 내용이었다. 진실과 거짓, 선함과 악함, 미와 추함을 판단하고 규정지으려는 것이 우리의 일상이다.

이러한 판단에 대한 관점을 넓혀볼 수 있지 않을까. 책을 쓰게 된 가장 큰 이유다. 꽃이 아름답다고 보편적으로 해석되는 것과 곰팡이는 더럽다는 보편적인 인식은 어디에서 비롯된 것인가. 그것을 탐구하고 고민하는 과정이 우리를 더 나은 사람으로 만든다는 마음이었다. 때로는 밝은 지상에 곰팡이가 피기도 하고 지하에 꽃이 개화하기도 한다. 그 찰나의 순간을 발견하고 그 의미를 이해할 수 있는 자는 단명하더라도 장수한 사람이리라.

특정 사건이나 상황만 도덕적이라 규정하는 판단은 지나친 오만이다. 만약 나의 판단이 주체로서 세상과 개인을 판단하려 한다면, 방향성을 잃고 목적지를 설정하는 것과 같다. 인간이란 언제나 자신과 세계를 거짓 속에 가리며 사랑과 가치관 성공 등과 같은 주관적인 것들을 숭고하게만 설정해, 평생 고통받는다. 그것이 흘러간 과거에 대한 속죄라고 생각하는 모양이다.

인식은 이해에서 온다. 이해란 '사리를 분별하여 해석한다.'라는 뜻 외에도 '남의 사정을 잘 헤아려 너그럽게 받아들인다.'라는 뜻도 갖고 있다. 너그럽게 받아들이는 것은 다양성에 대한 포괄적인 관점을 의미한다. 좁은 시각을 가진 자는 타인과 자신을 이해할 수 없으며, 실체를 왜곡시키지 않는다면 살아갈 수 없다.

물질만능주의가 심화하고 있다. 치열한 경쟁을 초래하는 사회는 우리를 가끔 고독하고 외롭게 만든다. 견뎌내야 한다는 것, 살아가야 하므로 인간은 뜻하지 않은 자신의 모습과 마주하기 마련이다. 그동안 억압하고 숨겨왔던 내면의 다양성과 이중성을 처음으로 접하는 것이다.

우리는 탐구와 고찰을 멈추어서는 안 된다. 인간은 혼자 살아갈 수 없는 사회적 존재다. 제도와 규범에 얽매여 타자와 소통하는 것에서 기시감과 모순이 찾아온다. 그 모순과 욕망 사이에서 나의 진정한 모습은 무엇인지, 내가 진정 원하는 욕망이 무엇인지 고민한다. 살아가는 동안에 틀린 것과 맞는 것, 선한 것과 나쁜 것, 아름다운 것과 추악한 것에 대해 생각한다. 내가 바라보는 미적 관점이 보편적으로 옳은 것인지, 그리고 타인에게 묘사되는 나의 모습이 두려워 선택 앞에 망설이게 된다. 그 망설임이 우리를 모호하게 만든다.

무언가에 대해 우선순위를 정해야 할 때도 망설이고 의식한다. 내면의 목소리는 쉽게 무시당한다. 안타깝게도 인간이란 혼자서 살아갈 수 없는 세상에 내던져진 존재다. 타인의 결정에 수긍하고 자신과 타협하며 회의감을 느끼기도 한다. 인간이 성취하는 것, 원하는 것, 탐하는 것, 욕망하는 모든 것이 타인과 함께 얽혀 우리 삶에 깊이 자리 잡고 있기 때문은 아닐까.

삶을 예술의 연장선에 놓았을 때도 마찬가지다. 예술가의 창작 행위는 예술가 그 자신으로부터의 물음에서 시작된다. 타인의 시선과 의도를 의식해 작품의 방향성을 틀기도 한다. 대중성과 작품성을 모두 잡을 수 있는 성공적인 작품이란, 물질적인 욕구와 정신적인 욕망의 균등한 결합일지도 모른다. 훌륭한 예술가는 그 과정에서 자신을 잃지 않으려고 노력한다. 표현한 작품은 다중적인 욕망과 개인 안에 있는 자기 주체성과의 끊임없는 고찰과 합의의 산물이다.

"도대체 아름다움이라는 것이 어디에 있는가?"

칸트는 두 가지 답변을 내놓았다. 하나는 아름다움이 그 작품 속에 있다는 객관적인 입장이고, 또 다른 답변은 그 작품을 보면서 느끼는 감정이 바로 아름다움이라 답했다.

아름다움은 무관심과 보편성에 많은 영향을 받는다. 감각적인 불쾌함과 도덕성인 불쾌함은 그 맥락을 같이 한다. 더러운 방 안에서 감각적인 불쾌함을 느낀다. 그것은 곧 내 관심을 끈다. 더 쾌적한 곳으로 이동하고 싶다는 관심이 내 생각에 영향을 미친다. 굶어 죽어가는 아이가 다큐멘터리에서 나오는 모습이 도덕적으로 불쾌하다. 그것이 내 관심을 끌고 내 행동에 영향을 미친다.

그러나 미적 판단만이 관심에서 벗어난다. 차에 관심이 있는 사람은 멋진 세단을 보고 아름다움을 느낀다. 차에 관심이 없는 사람은 아무 감정도 느끼지 못한다.

미적인 것은 오직 무관심과 보편성에서 나타난다.

전혀 관심 없던 대상을 보고 아름다움을 느끼는 것이 미적 판단이다. 흔히 길가를 걷다 발견한 꽃을 보고 아름다움을 느끼는 것에 비유된다. 보편적으로 꽃의 의미는 긍정적이다. 열정과 사랑을 뜻하는 장미, 희망찬 봄을 상징하는 진달래, 풍요와 번영을 꿈꾸는 모란 등 대부분 좋은 의미가 있다. 그렇다면 곰팡이는 어떨까.

습한 그리고 곰팡이 내음 같은 것이
안에 고여 있다
손끝이 아프다 저미듯
떨려오는 어둠이 섞여 있는 방
일어나야 한다 나는
언제부터 창을 안으로 잠궈 두었던 걸까
이불은 무겁게만 느껴지고 눅눅하다
앓는 몸을 일으켜 나는
발그레 돋는 듯한 창 쪽으로 다가간다
아직도 따스하게
손 끝에 묻어나는 미열을 느낀다
미열을 앓는 것은 창이었을까

정화진 시인의 〈맨드라미 속〉이다.

곰팡이는 언제나 부정적으로 묘사된다. 어둡고, 축축하고, 눅눅하고, 무겁고, 부정적인 이미지를 드러낼 때만 사용되는 법이다. 그것은 작품에서도, 일상에서도 마찬가지다. 꽃이 희망과 아름다움의 상징이라면, 곰팡이는 절망과 어둠의 대명사다. 그러나 어떤 시인은 맨드라미 속에서 곰팡이 내음 같은 것을 발견한다. 꽃과 정반대로 비유되고 묘사되는 곰팡이를 꽃 안에서 발견한 것이다. 아름다운 맨드라미. 그 속에 있는 슬픔과 절망으로 묘사되는 곰팡이. 그것이 미열을 앓는 시인이 작은 방에서 발견한 풍경이다.

곰팡이도 무관심과 보편성을 통해 아름답다고 느껴질 수 있는가.

양면성과 다면성을 이해함으로 좀 더 넓은 시각을 가지게 된다. 그 관점은 나를 더 깊게 바라볼 수 있게 만들고 보이지 않던 것들을 볼 수 있게 해준다. 꽃의 화려함만을 보았다면, 꽃의 화려함이 담지 못하는 무언가를 떠올릴 수 있을 것이다. 대지에 피운 아름다운 꽃이 생명의 산물이라면, 시궁창에 핀 곰팡이는 어둡고 축축한 지하세계에서 피어난 생에 대한 갈망이다.

인간은 그림이나 언어 등을 통해 소통한다. 다양한 동물 중 가장 큰 발전을 이룩한 이유가 여기에 있다. 하지만 소통에 만족하지 못한 인간은 그림이나 언어로 어떠한 본질을 규정하려고 한다. 꽃의 본질을, 빛의 본질과 곰팡이의 본질을 규정한다. 그러나 그 시도는 자신을 향한 활시위를 당기는 것과 같다. 언어로 그 감정을 규정하는 순간, 사고는 제한당한다.

세상의 온갖 추악함과 아름다움을 모아다 놓은 것 중 하나가 사랑이다. 천국에라도 떠오른 기분이다가 밑바닥까지 다 내보이는 경험을 할 수 있는 가장 보편적인 방법이다. 그 복잡 미묘한 감정을 "사랑한다."라는 말 한마디로 온전히 전할 수 있을 것인가. 불가능에 가깝다.

비트겐슈타인은 철학자를 향해 침묵하라고 일갈했다. 그들의 형이상학적인 모호한 말들로 본질을 흐렸다는 것이 그 이유다. 그것이 아름답다고 이야기하기 전에 그것이 가진 다양한 모습을 떠올릴 수 있어야 한다. 세상엔 아직도 우리가 발견하지 못한 미지의 아름다움이 가득하다.

그러니까 책을 통해 내가 정말 하고 싶었던 말은, 우리네 삶이 숨은 그림 찾기와 같다는 것이다. 직선으로 생각했던 것이 한 발짝 떨어져서 보면 곡선일 수도 있고, 그것을 도화지에 옮겨본다면, 동그란 원의 일부분일 수도 있다는 말이다.

아직도 이중적인 모습에 실망하고,

세속적인 것만 좇는 자신이 경멸스러운가.

과거에 후회하고, 고고한 것만을 추구하며 서툰 위안을 얻는가.

꽃이 진다고 슬퍼하는가.

낙화하는 저 광경은 장관이지 않은가.

괜찮다고 말해주고 싶다.

끄적인 몇 개의 문장에서 짧은 공감과 위로를 얻을 수 있다면 그걸로 만족한다.

세상의 두 얼굴,
꽃과 곰팡이

초판 1쇄 발행 2021년 5월 9일

지은이 김기승
펴낸이 방성열
펴낸곳 다산글방

출판등록 제313-2003-00328호
주소 서울특별시 마포구 동교로 36
전화 02) 338-3630 팩스 02) 338-3690
이메일 dasanpublish@daum.net
홈페이지 www.iebook.co.kr

ⓒ 김기승, 2021, Printed in Korea

ISBN 979-11-6078-202-8 03810

* 이 책은 저작권법에 의해 보호받는 저작물이며, 저자와 출판사의 서면 허락 없이
  내용의 전부 또는 일부를 인용하거나 발췌하는 것을 금합니다.
* 제본, 인쇄가 잘못되거나 파손된 책은 구입하신 곳에서 교환해드립니다.
* 책값은 뒤표지에 있습니다.